ACCESO GRATIS *a la Lectura en la Nube*

Para visualizar el libro electrónico en la nube de lectura envíe junto a su nombre y apellidos una fotografía del código de barras situado en la contraportada del libro y otra del ticket de compra a la dirección:

ebooktirant@tirant.com

En un máximo de 72 horas laborables le enviaremos el código de acceso con sus instrucciones.

METODOLOGÍAS DE CÁLCULO ACTUARIAL A TRAVÉS DE EXCEL

Procedimiento de selección de originales, ver página web:
www.tirant.net/index.php/editorial/procedimiento-de-seleccion-de-originales

METODOLOGÍAS DE CÁLCULO ACTUARIAL A TRAVÉS DE EXCEL

Josep Lledó Benito

tirant lo blanch
Valencia, 2024

En caso de erratas y actualizaciones, la Editorial Tirant lo Blanch publicará la pertinente corrección en la página web www.tirant.com.

EDITA: TIRANT LO BLANCH
C/ Artes Gráficas, 14 - 46010 - Valencia
TELFS.: 96/361 00 48 - 50
FAX: 96/369 41 51
Email: tlb@tirant.com
www.tirant.com
Librería virtual: www.tirant.es
DEPÓSITO LEGAL: V-1448-2024
ISBN: 978-84-1056-474-9

Si tiene alguna queja o sugerencia, envíenos un mail a: *atencioncliente@tirant.com*. En caso de no ser atendida su sugerencia, por favor, lea en *www.tirant.net/index.php/empresa/politicas-de-empresa* nuestro procedimiento de quejas.

Responsabilidad Social Corporativa: http://www.tirant.net/Docs/RSCTirant.pdf

A Claudia

Agradecimientos

Quisiera expresar mi sincero agradecimiento a todas las personas que hicieron posible la realización de este libro. Sus contribuciones, apoyo e inspiración fueron fundamentales en cada paso del camino.

Quiero agradecer a mi familia por su inquebrantable apoyo y paciencia durante las largas horas dedicadas a este libro. Gran parte de su creación se llevó a cabo fuera del horario convencional, siendo ellos los que más han sufrido mi ausencia.

El autor agradece el apoyo de la Generalitat Valenciana a través del proyecto AICO/2021/257 (Conselleria de Educación, Universidades y Empleo).

Índice

Tema 1

Metodologías de cálculo actuarial a través de excel

1.1. INTRODUCCIÓN

El programa Microsoft Excel es el software por excelencia para el tratamiento de datos para cualquier sector (financiero, asegurador, retail...etc). Además del tratamiento de datos, Microsoft Excel es una herramienta en el análisis y representatividad de los datos. Su entorno visual lo hace único respecto a otros programas como (R, SAS, Python... etc). En el aspecto negativo, Microsoft Excel no sería adecuado para grandes bases de datos (mayores a cien mil filas) o para la ejecución de modelos estadísticos avanzados como (redes neuronales, *gradient boosting*...etc).

En el sector asegurador, Microsoft Excel se emplea en números departamentos:

Técnico Actuarial: Departamento encargado del cálculo de provisiones técnicas (proceso de *Reserving*) o de tarificación (proceso de *Pricing*).

- Planificación Comercial: Departamento encargado del seguimiento de las ventas para cada territorial/sucursal/mediador. La herramienta empleada en el análisis periódico (primas, número de pólizas, caída de cartera...etc) suele ser con la herramienta de Microsoft Excel.
- Contabilidad: Se encarga de las cuentas contables de la compañía de seguros. A pesar de que muchos departamentos de contabilidad utilizan otros softwares específicos, como por ejemplo SAP, el uso de la herramienta de Microsoft Excel está presente en el día a día.
- Risk Management (Departamento de riesgos): Se encarga de la medición del riesgo de una compañía de seguros en entornos como, por ejemplo, Solvencia II. En línea con contabilidad, utiliza su propio software, como por ejemplo Prophet, pero se complementa con el uso diario de Microsoft Excel para realizar cálculos actuariales o tratar y sintetizar la información por productos, por pólizas, por modalidad...etc.

1.2. FUNCIONES BÁSICAS

El fichero Excel con todos los ejemplos de este libro se pueden encontrar en el siguiente enlace[1]. Excel se compone de una rejilla de filas y columnas. Las filas están expresadas en número mientras que la codificación de las columnas son letras (ver Figura 1). En total hay más de 16.000 columnas y más de 1 millón de filas (aunque a partir de cien mil filas empieza a requerir un coste computacional elevado).

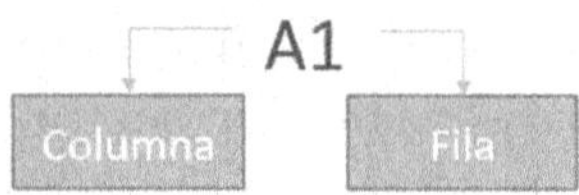

Figura 1. Codificación de filas y columnas. Fuente: Elaboración propia.

A lo largo de todo el curso nos referiremos a múltiples ejemplos que requerirán entender la(s) celdas(s) que aplican. Para ello, cuando se selecciona una celda, en la parte superior pueden encontrar la celda seleccionada, celda C6 (ver Figura 2). Esta celda es la combinación de seleccionar una columna (C) y una fila (6).

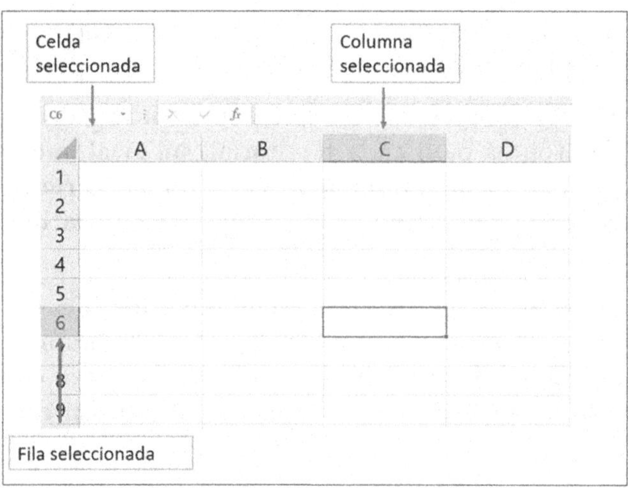

Figura 2. Celda seleccionada. Fuente: Elaboración propia.

1 https://data.mendeley.com/datasets/gg9vykbvgn/1
Lledó, Josep (2023), "book files "Metodologías de cálculo actuarial a través de excel"", Mendeley Data, V1, doi: 10.17632/gg9vykbvgn.1

Otra de las grandes ventajas de Microsoft Excel son las opcionalidades que ofrece y que serán de utilidad para el correcto seguimiento de este curso.

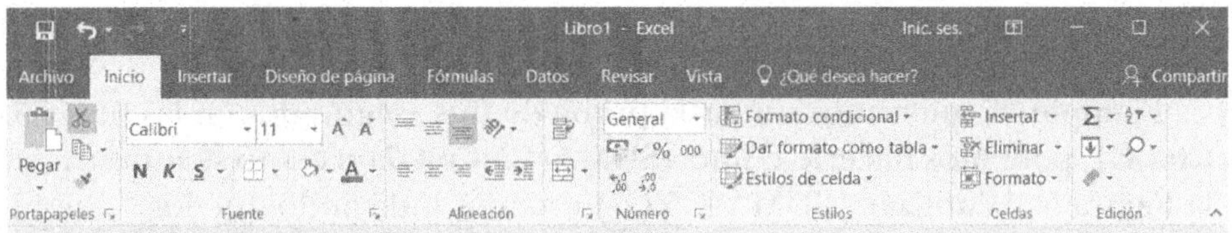

Figura 3. Opcionalidades de Excel. Fuente: Elaboración propia

Así, en la parte superior (ver Figura 3) se pueden encontrar opciones simples como cambiar el formato (pulsando Inicio) o desde opcionalidades más avanzadas pulsando Datos y luego buscar objetivo (ver Figura 4).

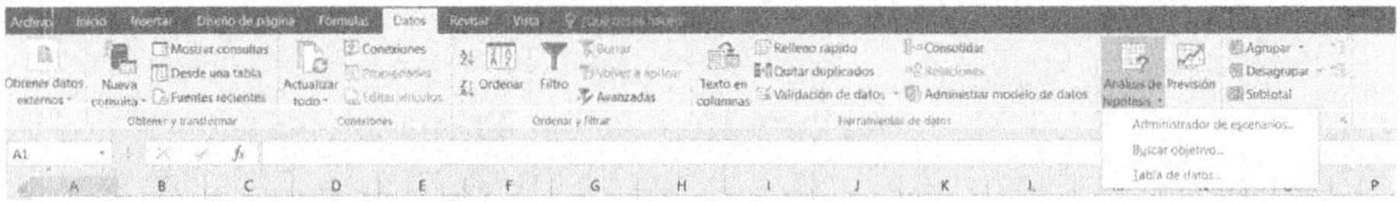

Figura 4. Opcionalidades de Excel de Datos. Fuente: Elaboración propia

Para facilitar el correcto seguimiento del curso, siempre que se requiera la utilización de cualquier funcionalidad de la herramienta, por ejemplo, buscar objetivo, se detallará del siguiente modo Datos/Análisis de hipótesis/Buscar objetivo. La primera (Datos) hará referencia a la principal funcionalidad, la segunda (Análisis de hipótesis) hará referencia al segundo nivel de dicha opcionalidad y finalmente (Buscar objetivo) a la función que se desea seleccionar.

Otro de los grandes beneficios del uso de herramientas informáticas es la utilización de funciones ya implementadas en dicha herramienta. Son funciones ya programadas en el entorno de trabajo que nos ayudan a obtener ciertas funciones matemáticas (seno), económicos (VAN, TIR), estadísticos (media, desviación típica) ...etc. Para introducir una fórmula en el entorno de Excel, se puede insertar a través de la tecla "=" o de la tecla "+". Ambas son equivalentes, la diferencia es que la segunda requiere el uso de una sola tecla mientras que la primera de dos (mayúscula + 0). Por ese motivo, siempre es recomendable la segunda (ver Figura 5).

1.2.1. Suma / Sumar.si

La función *Suma* permite sumar los elementos numéricos de distintas celdas. La sintaxis es la siguiente:

+SUMA(número1;número2;...)

Ejemplo. Si queremos sumar la prima de tres asegurados en las filas C5, C6 y C7, podemos hacerlo como +SUMA(C5;C6;C7) o como se muestra en la Figura 5. Al utilizar +SUMA(C5:C7) estamos indicando que los ":" significan "hasta". Así, sumamos todos los elementos numéricos desde la celda C5 hasta la celda C7, incluyendo los elementos que hay entre ambas celdas.

	A	B	C
1			
2			
3			
4		Asegurado	Prima
5		1	150,20 €
6		2	180,54 €
7		3	229,54 €
8			
9		Total	+SUMA(C5:C7)
10			

Figura 5. Ejemplo función suma. Fuente: Elaboración propia

Dentro de la suma, podemos encontrar otra función ampliamente utilizada en el campo asegurador para sumar en función de un criterio condicional, la función *Sumar.si* que tiene la siguiente sintaxis.

+SUMAR.SI**(rango;criterio;[rango_suma])**

La función *sumar.si* tiene 3 argumentos:

- Argumento 1: El rango de valores que queremos sumar según el criterio (Argumento 2).
- Argumento 2: Criterio que quiero sumar del rango de valores que podemos observar en el Argumento 1.
- Argumento 3. El rango de valores que queremos sumar según el criterio (Argumento 2).

Asegurado	Producto	Prima
1	2	212,82 €
2	3	308,56 €
3	2	136,97 €
4	2	157,83 €
5	1	147,47 €
6	2	148,29 €
7	1	397,54 €
8	1	338,07 €
9	1	364,25 €
10	3	288,79 €
11	2	226,68 €
12	2	226,68 €

Producto	Total Primas
1	=+SUMAR.SI($C$5:$C$16;F5;$D$5:$D$16)
2	
3	
Total	

SUMAR.SI(rango; criterio; [rango_suma])

Figura 6. Ejemplo función suma.si. Fuente: Elaboración propia

1.2.2. Promedio/Promedio.si

La función promedio permite calcular la media aritmética de una sucesión de valores según la siguiente fórmula matemática, :

+promedio(número1;número2;...)

Si partimos de la Figura 7 (con los mismos datos que la Figura 6), el promedio de las primas es:

	A	B	C	D	E	F
1						
2						
3						
4		Asegurado	Producto	Prima		
5		1	2	212,82 €		
6		2	3	308,56 €		
7		3	2	136,97 €		
8		4	2	157,83 €		
9		5	1	147,47 €		
10		6	2	148,29 €		
11		7	1	397,54 €		
12		8	1	338,07 €		
13		9	1	364,25 €		
14		10	3	288,79 €		
15		11	2	226,68 €		
16		12	2	226,68 €		
17						
18			Media primas	=+PROMEDIO(D5:D16)		
19				PROMEDIO(número1; [número2]; ...)		

Figura 7. Ejemplo función *promedio*. Fuente: Elaboración propia

La función *promedio.si* tiene la misma estructura que la función sumar.si, pero en vez de realizar la suma, se obtiene la media de la serie:

+promedio.si(rango;criterio;[rango_suma])

La función *promedio.si* tiene 3 argumentos:

- Argumento 1: El rango de valores que queremos realizar la media según el criterio (Argumento 2).
- Argumento 2: Criterio que quiero sumar del rango de valores que podemos observar en el Argumento 1.
- Argumento 3. El rango de valores que queremos sumar según el criterio (Argumento 2).

De igual modo que para la Figura 6 se puede realizar la media en función (condicionalido) del producto utilizando esta función.

	A	B	C	D	E	F	G	H
1								
2								
3								
4		Asegurado	Producto	Prima		Producto	Total Primas	
5		1	2	212,82 €		1	MEDIO.SI(C	
6		2	3	308,56 €		2		
7		3	2	136,97 €		3		
8		4	2	157,83 €				
9		5	1	147,47 €		Total		
10		6	2	148,29 €				
11		7	1	397,54 €				
12		8	1	338,07 €				
13		9	1	364,25 €				
14		10	3	288,79 €				
15		11	2	226,68 €				
16		12	2	226,68 €				
17								

Figura 8. Ejemplo función *promedio.si*. Fuente: Elaboración propia

1.2.3. Funciones Condicionales: Si/Y/O

Las funciones lógicas o condicionales más habituales en Excel son el *SI*, *Y* y *O*.

Una de las funciones más utilizadas (o quizá la más común) en Excel es la función SI. Esta función tiene como objetivo comprobar si se cumple una condición y devuelve un valor si esta condición es verdadera u otro valor si se cumple la condición es falsa.

+SI(condicion; [valor_si_verdadero]; [valor_si_falso])

La función *SI* tiene 3 argumentos:

- Argumento 1: Es la condición para evaluar. En este caso se pueden evaluar las siguientes operaciones utilizando los Operadores matemáticos de la Columna 1 (ver Tabla 1).

Operador	*Operación*
=	Igual que
<>	Distinto a
<	Menor que
>	Mayor que
<=	Menor o igual que
>=	Mayor o igual que

Tabla 1. Operador y significado de la operación. Fuente: Elaboración propia

- Argumento 2: En caso de que la operación realizada en el Argumento 1 sea verdadera devolverá el valor (numérico o literial) introducido en este argumento. Nótese que se introduce un valor literal éste ha de ir entre "" (comillas) dado su naturaleza.
- Argumento 3: En caso de que la operación realizada en el Argumento 1 sea falsa devolverá el valor (numérico o literial) introducido en este argumento.

Por ejemplo, deseamos crear una nueva variable (ver Figura 9), Variable 1, que en caso de que la prima sea igual o superior a 200 €[2] se defina como "cara". En caso contrario, que se defina como "barata".

---

[2] No es necesario introducir el símbolo del "€". Microsoft Excel ya lo reconoce por defecto.

	A	B	C	D	E	F
1						
2						
3						
4		Asegurado	Prima	Variable 1		
5		1	212,82 €	=+SI(C5>=250;"Cara";"Barata")		
6		2	308,56 €	SI(prueba_lógica; [valor_si_verdadero]; [valor_si_falso])		
7		3	136,97 €			
8		4	157,83 €			
9		5	147,47 €			
10		6	148,29 €			
11		7	397,54 €			
12		8	338,07 €			
13		9	364,25 €			
14		10	288,79 €			
15		11	226,68 €			
16		12	226,68 €			
17						

Figura 9. Ejemplo función Si. Fuente: Elaboración propia

La función *Y* tiene como objetivo evaluar que todos los argumentos introducidos son verdaderos o falsos. Devuelve verdadero si todos los argumentos son verdaderos. Con que solo uno de los argumentos sea falso, devolverá falso.

+Y(valor_lógico1;[valor_lógico2];...)

Por ejemplo, si introducimos el siguiente código:

+Y(3>2;150>20;5<=10)

Nos devolverá VERDADERO porque los tres argumentos son verdaderos. Sin embargo, si introducimos el siguiente código:

+Y(3>2;150>20;5>10)

Nos devolverá FALSO porque, aunque los dos primeros argumentos son verdaderos, el último argumento nos devuelve falso. Con solo un argumento falso que contenga la operación, la función devuelve FALSO.

La función *O* tiene como objetivo evaluar que, al menos, un argumento introducido en la función es verdadero. Devuelve verdadero si algún argumento es verdadero. Devolverá falso cuando todos los argumentos, sin excepción, son falsos. La estructura de la función es similar a la función *Y* y se muestra como sigue:

+O(valor_lógico1;[valor_lógico2];...)

Por ejemplo, si introducimos el siguiente código:

+O(3>2;150>20;5<=10)

Nos devolverá VERDADERO porque los tres argumentos son verdaderos, con solo uno que hubiese sido verdadero hubiera sido suficiente. Por otro lado, si introducimos el siguiente código:

+O(3<2;150<20;5>10)

Nos devolverá el resultado de FALSO porque todos los argumentos, sin excepción, son falsos.

Lo habitual es combinar las funciones *SI*, *Y* y *O* en una misma dada las propiedades que se acaban de estudiar.

Por ejemplo (ver Figura 10), si sobre un conjunto de primas (columna D) y de productos (columna C) deseamos hacer un Descuento para los asegurados que hayan comprado el Producto 3 (Producto=3) y para los que tengan una prima mayor que 250 € (Prima >250) debemos introducir el siguiente código:

	A	B	C	D	E	F	G	H	I
1									
2									
3									
4		Asegurado	Producto	Prima	Descuentos				
5		1	2	212,82 €	=+SI(Y(C5=2;D5>200);"Descuento";"Sin Descuento")				
6		2	3	308,56 €					
7		3	2	136,97 €					
8		4	2	157,83 €					
9		5	1	147,47 €					
10		6	2	148,29 €					
11		7	1	397,54 €					
12		8	1	338,07 €					
13		9	1	364,25 €					
14		10	3	288,79 €					
15		11	2	226,68 €					
16		12	2	226,68 €					
17									

Figura 10. Ejemplo con las funciones *Si* e *Y*. Fuente: Elaboración propia

En este ejemplo, el Asegurado número 2 tendrá un Descuento ya que cumple las dos condiciones (Producto igual a 3 y Prima mayor de 250 €).

Otro ejemplo podría ser el que observamos en Figura 11. En este caso deseamos conceder un descuento o bien a los asegurados con el producto 2 o bien con una prima superior a 200 €.

	A	B	C	D	E	F	G	H
1								
2								
3								
4		Asegurado	Producto	Prima	Descuentos			
5		1	2	212,82 €	=+SI(O(C5=2;D5>200);"Descuento";"Sin Descuento")			
6		2	3	308,56 €	O(valor_lógico1; [valor_lógico2]; [valor_lógico3]; ...)			
7		3	2	136,97 €				
8		4	2	157,83 €				
9		5	1	147,47 €				
10		6	2	148,29 €				
11		7	1	397,54 €				
12		8	1	338,07 €				
13		9	1	364,25 €				
14		10	3	288,79 €				
15		11	2	226,68 €				
16		12	2	226,68 €				

Figura 11. Ejemplo con las funciones *Si* e *O*. Fuente: Elaboración propia

Tras analizar los 12 asegurados del ejemplo 11, todos tendrán derecho a Descuento excepto el asegurado número 5 ya que no cumple ninguna de las dos condiciones: ni tiene contratado el producto 2 (tiene el producto 1) ni su prima es superior a 200 € (tiene una prima de 147,47 €). Como ambas condiciones son falsas, devolverá un falso dentro del Argumento 1 del *SI* (condición) y, por lo tanto, el resultado de dicho *SI* será la parte falsa (Sin Descuento).

1.2.4. Estructura Si Anidado

Existen determinados momentos que se requiere realiza una clasificación, o bien numérica o literal, según sucedan más de 2 eventos. Para realizar esa clasificación se utiliza lo que se denomina el *SI* anidado, o el *SI* anidada según el manual que se consulte. La estructura, está compuesta por más de un *SI* (parte que se denomina *anidada*) en la parte falsa de la función. Para un correcto entendimiento, realizamos el siguiente ejemplo.

Por ejemplo, si deseamos realizar la siguiente catalogación de la Tabla 2.

Prima	*Categoría*
<= 250 €	Barato
Entre 250 € y 300 € (incluido)	Normal
> 300 €	Caro

Tabla 2. Ejemplo de *SI* anidado. Fuente: Elaboración propia

Se realiza en los siguientes puntos (ver Figura 12):

- Punto 1: Si la prima es menor o igual que 250 €, el argumento será verdadero y la función devolverá "Barato". Si el argumento es falso, es decir, la prima es mayor que 250 €, entraría a analizar el segundo SI.
- Punto 2: En este segundo SI, se evalúa si la prima es menor de 300 €[3]. Si la condición es verdadera, devolverá la parte verdadera del segundo SI, es decir, la categoría de Normal.
- Paso 3: En la última parte de la función solo se da cuando no ha sido verdadera en ningún SI anterior. En ese sentido, si llega a esta parte es porque la prima no es menor o igual a 250 € ni es menor o igual a 300 €. Por lo tanto, solo quedan los casos mayores de 300 € que serán catalogados con la categoría directamente de "Caro".

---

[3] Nótese que no se vuelve a evaluar si la prima es mayor de 250 € puesto que si la función ha llegado al segundo SI es porque la prima es, con total certeza, mayor de 250 €.

	A	B	C	D	E	F	G
1							
2							
3							
4							
5		Asegurado	Prima	Categoría			
6		1	212,82 €	+si(C6<=250;"Barato";si(C6<300;"Normal";"Caro"))			
7		2	308,56 €				
8		3	136,97 €				
9		4	157,83 €				
10		5	147,47 €				
11		6	148,29 €				
12		7	397,54 €				
13		8	338,07 €				

Figura 12. Ejemplo con la función *Si* anidado. Fuente: Elaboración propia

1.3. FUNCIONES DE BÚSQUEDA

Junto con la función *SI*, las funciones de búsqueda son muy utilizadas en Microsoft Excel. Dos de las principales funciones de búsqueda son *BUSCARV* y *BUSCARH*. La primera hace referencia a la búsqueda de datos Verticales mientras que la segunda busca datos Horizontales.

1.3.1. Buscarv y buscarh

La función *buscarv* se utiliza para encontrar, por filas, valores de un rango específico.

+buscarv(valor_buscado;matriz_tabla;indicador_columnas;[rango])

La función *buscarv* tiene 4 argumentos:

- Argumento 1: Valor que se quiere buscar.
- Argumento 2: Rango o tabla donde se encuentran los valores de búsqueda. En la primera columna de dicho rango de valores ha de contener el valor que se quiere buscar (Argumento 1).
- Argumento 3: El número de Columna que se quiera extraer la información. El Argumento 2 suele contener varias columnas, en este argumento se indica la posición de la columna a extraer.
- Argumento 4. Se trata de un argumento opcional, no obligatorio. Si es Verdadero (o el valor 0) la coincidencia será aproximada mientras que si se introduce Falso (o el valor 1) la coincidencia será exacta.

Por ejemplo, en la Figura 13 se desea buscar el descuento del producto de seguros "3F".

Para ello, la función se estructura como sigue:

- Argumento 1: "3F" es el valor que se desea buscar. Ha de ir entre comillas porque se trata de un literal.
- Argumento 2: B4:C8 es el rango o tabla donde se encuentran los valores de búsqueda. En dicha tabla, el producto se encuentra en la primera columna (columna B).
- Argumento 3: 2 es el número de la Columna que se quiera extraer la información. La Columna B es el número 1 mientras que la columna C es el número 2.

Argumento 4. Se introduce el valor 0.

	A	B	C	D	E	F
1						
2						
3		**Producto**	**Descuento**			
4		2A	30%			
5		8B	61%			
6		3F	30%			
7		2B	45%			
8		3H	22%			
9						
10						
11						
12		Descuento	+BUSCARV("3F";B4:C8;2;0)			
13			BUSCARV(valor_buscado; **matriz_tabla**; indicador_columnas; [rango])			
14						

Figura 13. Ejemplo con la función buscarv. Fuente: Elaboración propia

La función funciona con los siguientes dos pasos:

- Paso 1. Se va a la primera columna (columna B) y estudia el primer valor ("2A", celda B4) y se pregunta ¿Este valor es "3F"?, la respuesta es no. Se va al segundo valor ("8B", celda B5) y se vuelve a preguntar ¿Este valor es "3F"? la respuesta es también que no. Finalmente llega al tercer valor ("3F", celda B6) y se pregunta ¿Este valor es "3F"?, la respuesta es sí. En caso de no encontrarlo la función devuelve el valor de #N/D.

- Paso 2. Cuando finaliza el paso 1 y ya ha detectado el valor “3F”, la función utiliza el tercer argumento (columna 2). La columna 1 (B) es donde se encuentra el propio valor de “3F” mientras que la columna 2 (C) es el valor buscado, el 30%.

El funcionamiento de la función *buscarh* es igual que la función *buscarv* pero se utiliza para encontrar, por columnas, valores de un rango específico. La función tiene la siguiente estructura:

+buscarh(valor_buscado;matriz_tabla;indicador_filas;[rango])

La función *buscarh* tiene 4 argumentos:

- Argumento 1: Valor que se quiere buscar.
- Argumento 2: Rango o tabla donde se encuentran los valores de búsqueda. En la primera fila de dicho rango de valores ha de contener el valor que se quiere buscar (Argumento 1).
- Argumento 3: El número de Fila que se quiera extraer la información. El Argumento 2 suele contener varias filas, en este argumento se indica la posición de la fila a extraer.
- Argumento 4. Se trata de un argumento opcional, no obligatorio. Si es Verdadero (o el valor 0) la coincidencia será aproximada mientras que si se introduce Falso (o el valor 1) la coincidencia será exacta.

Siguiendo el mismo ejemplo expuesto en la Figura 13, en la Figura 14 se desea buscar el descuento del producto de seguros “3F” pero en este caso la estructura de los datos es distinta y está recogida de manera horizontal.

	A	B	C	D	E	F	G	H
1								
2								
3		**Producto**	2A	8B	3F	2B	3H	
4		**Descuento**	30%	61%	30%	45%	22%	
5								
6								
7								
8								
9								
10								
11								
12		Descuento	=+BUSCARH("3F";C3:G4;2;0)					
13								

Figura 14. Ejemplo con la función buscarh. Fuente: Elaboración propia

La función *busrcarh* funciona con los siguientes dos pasos (similares a la función *buscarv*):

- Paso 1. Se va a la primera fila (columna B) y al primer valor ("2A", celda C3) y se pregunta ¿Este valor es "3F"?, la respuesta es no. Se va al segundo valor (8B, celda D3) y se vuelve a preguntar ¿Este valor es "3F"? la respuesta es también que no. Finalmente llega al tercer valor ("3F", celda E3) y se pregunta ¿Este valor es "3F"?, la respuesta es sí. En caso de no encontrarlo la función devuelve el valor de #N/D.
- Paso 2. Cuando finaliza el paso 1 y ya ha detectado el valor, la función utiliza el tercer argumento (fila 2). La Fila 1 (3) es donde se encuentra el propio valor de "3F" mientras que la fila 2 (4) es el valor buscado, el 30%.

1.3.2. Coincidir

La función *Coincidir* nos indica la posición que ocupa un elemento dentro de un rango de valores. Esta función tiene los siguientes argumentos:

+coincidir(valor_buscado;matriz_buscada;[tipo_de_coincidencia])

La función *coincidir* tiene los siguientes 3 argumentos:

- Argumento 1: Valor que se quiere buscar.
- Argumento 2: El rango o tabla donde se encuentra el elemento que se ha introducido Argumento 1.
- Argumento 3: Puede ser un valor de -1, 0 o 1.
  - ◊ -1: Encuentra el valor más pequeño que es mayor igual al valor del argumento 1.
  - ◊ 0: Encuentra el valor que es exactamente igual que al valor del argumento 1.
  - ◊ 1: Encuentra el valor mayor que es menor igual al valor del argumento 1.

En este argumento se suele realizar una búsqueda exacta, por lo que se utiliza, en la mayoría de los casos, 0.

Por ejemplo, si se dispone de una base de datos de la esperanza de vida de las mujeres para distintos países (España, Australia, Bélgica...

etc) en las columnas y los años (1980, 1981...2018) en las filas (ver Figura 15).

	España	Australia	Bélgica	Canada	Finlandia	Francia	Holanda	UK	USA
1980	78.52	78.22	76.66	78.72	77.86	78.4	79.14	76.57	77.48
1981	78.75	78.43	77.04	79.11	78.11	78.5	79.28	76.88	77.8
1982	79.31	78.29	77.16	79.23	78.59	78.89	79.39	76.94	78.08
1983	79.1	78.82	77.14	79.55	78.36	78.82	79.56	77.22	78.09
1984	79.64	78.84	77.78	79.78	78.76	79.35	79.67	77.55	78.17
1985	79.64	78.67	77.87	79.73	78.52	79.45	79.64	77.36	78.18
1986	79.84	79.31	77.99	79.79	78.76	79.71	79.58	77.67	78.27
1987	80.18	79.34	78.62	80.11	78.71	80.29	80.04	77.96	78.36
1988	80.23	79.6	78.91	80.19	78.69	80.48	80.22	78.06	78.31
1989	80.45	79.38	78.92	80.39	78.9	80.66	79.91	78.08	78.56
1990	80.52	80.15	79.33	80.63	78.88	80.97	80.09	78.5	78.85
1991	80.71	80.49	79.47	80.73	79.32	81.17	80.14	78.61	78.97
1992	81.22	80.48	79.67	80.98	79.44	81.46	80.28	78.96	79.18
1993	81.29	80.99	79.74	80.79	79.48	81.46	79.99	78.77	78.94
1994	81.66	80.82	79.99	80.89	80.15	81.89	80.3	79.31	79.06
1995	81.78	81.13	80.18	80.97	80.21	81.9	80.36	79.19	79.09

Figura 15. Ejemplo para coincidir/desref/indice. Fuente: Elaboración propia

Un claro ejemplo para utilizar la función *coincidir* es en un primer lugar insertar una lista[4] en la celda C4 para seleccionar los países. De igual modo, se realiza el mismo procedimiento para el año. Una vez creada esta lista, procedemos a utilizar la función *coincidir.*

En el primer argumento introducimos el país que hemos seleccionado en la lista (o desplegable). El segundo argumento corresponde con la matriz donde están los países. El último argumento introducimos un 0 para que la coincidencia sea perfecta (ver Figura 17).

4 Datos/Validación de datos/Validación de datos en "Permitir" seleccionar "lista" y en el origen: seleccionar los distintos países (Ver Figura 16).

País

Año

	España	Australia	Bélgica	Canada	Finlandia	Francia	Holanda	UK	USA
1980	78.52	78.22	76.66	78.72	77.86	78.4	79.14	76.57	77.48
1981	78.75	78.43	77.04	79.11	78.11	78.5	79.28	76.88	77.8
1982	79.31	78.29	77.16	79.23	78.59	78.89	79.39	76.94	78.08
1983	79.1	78.82	77.14	79.55	78.36	78.82	79.56	77.22	78.09
					78.76	79.35	79.67	77.55	78.17
					78.52	79.45	79.64	77.36	78.18
					78.76	79.71	79.58	77.67	78.27
					78.71	80.29	80.04	77.96	78.36
					78.69	80.48	80.22	78.06	78.31
					78.9	80.66	79.91	78.08	78.56
					78.88	80.97	80.09	78.5	78.85
					79.32	81.17	80.14	78.61	78.97
					79.44	81.46	80.28	78.96	79.18
					79.48	81.46	79.99	78.77	78.94
					80.15	81.89	80.3	79.31	79.06
					80.21	81.9	80.36	79.19	79.09
					80.55	82.05	80.32	79.41	79.22
					80.51	82.31	80.53	79.58	79.38
					80.84	82.41	80.67	79.72	79.43
					81.03	82.51	80.44	79.76	79.35
2000	82.27	82.27	80.9	81.78	81.07	82.8	80.56	80.2	79.44

Validación de datos

Configuración | Mensaje de entrada | Mensaje de error

Criterio de validación

Permitir: Lista

☑ Omitir blancos

☑ Celda con lista desplegable

Datos: entre

Origen: =$H$2:$P$2

Aplicar estos cambios a otras celdas con la misma configuración

Borrar todos | Aceptar | Cancelar

Figura 16. Ejemplo obtener una lista. Fuente: Elaboración propia

			España	Australia	Bélgica	Canada	Finlandia	Francia	Holanda	UK	USA
		1980	78.52	78.22	76.66	78.72	77.86	78.4	79.14	76.57	77.48
País	Canada	1981	78.75	78.43	77.04	79.11	78.11	78.5	79.28	76.88	77.8
Año	1990	1982	79.31	78.29	77.16	79.23	78.59	78.89	79.39	76.94	78.08
		1983	79.1	78.82	77.14	79.55	78.36	78.82	79.56	77.22	78.09
Posición país	=+COINCIDIR(C4;G2:P2;0)	1984	79.64	78.84	77.78	79.78	78.76	79.35	79.67	77.55	78.17
		1985	79.64	78.67	77.87	79.73	78.52	79.45	79.64	77.36	78.18
		1986	79.84	79.31	77.99	79.79	78.76	79.71	79.58	77.67	78.27
		1987	80.18	79.34	78.62	80.11	78.71	80.29	80.04	77.96	78.36
		1988	80.23	79.6	78.91	80.19	78.69	80.48	80.22	78.06	78.31
		1989	80.45	79.38	78.92	80.39	78.9	80.66	79.91	78.08	78.56
		1990	80.52	80.15	79.33	80.63	78.88	80.97	80.09	78.5	78.85
		1991	80.71	80.49	79.47	80.73	79.32	81.17	80.14	78.61	78.97
		1992	81.22	80.48	79.67	80.98	79.44	81.46	80.28	78.96	79.18
		1993	81.29	80.99	79.74	80.79	79.48	81.46	79.99	78.77	78.94
		1994	81.66	80.82	79.99	80.89	80.15	81.89	80.3	79.31	79.06
		1995	81.78	81.13	80.18	80.97	80.21	81.9	80.36	79.19	79.09

Figura 17. Ejemplo función *coincidir* I/II. Fuente: Elaboración propia

Los resultados nos devuelven el valor 5 que es el que ocupa en el rango de valores marcados en rojo (ver Figura 17). De igual modo, realizamos el mismo ejercicio para la posición del año, 1990 ocupa la posición 11, siendo 1980 la posición 1, 1981 la posición 2 y así respectivamente (ver Figura 18).

			España	Australia	Bélgica	Canada	Finlandia	Francia	Holanda	UK	USA
		1980	78.52	78.22	76.66	78.72	77.86	78.4	79.14	76.57	77.48
País	Canada	1981	78.75	78.43	77.04	79.11	78.11	78.5	79.28	76.88	77.8
Año	1990	1982	79.31	78.29	77.16	79.23	78.59	78.89	79.39	76.94	78.08
		1983	79.1	78.82	77.14	79.55	78.36	78.82	79.56	77.22	78.09
Posición país	5	1984	79.64	78.84	77.78	79.78	78.76	79.35	79.67	77.55	78.17
Posición año	=+COINCIDIR(C5;G3:G41;0)	1985	79.64	78.67	77.87	79.73	78.52	79.45	79.64	77.36	78.18
		1986	79.84	79.31	77.99	79.79	78.76	79.71	79.58	77.67	78.27
		1987	80.18	79.34	78.62	80.11	78.71	80.29	80.04	77.96	78.36
		1988	80.23	79.6	78.91	80.19	78.69	80.48	80.22	78.06	78.31
		1989	80.45	79.38	78.92	80.39	78.9	80.66	79.91	78.08	78.56
		1990	80.52	80.15	79.33	80.63	78.88	80.97	80.09	78.5	78.85
		1991	80.71	80.49	79.47	80.73	79.32	81.17	80.14	78.61	78.97

Figura 18. Ejemplo función *coincidir* II/II. Fuente: Elaboración propia

1.3.3. Desref

La función *desref* tiene como objetivo devolver un valor sobre un rango de celdas tras indicarle una fila y una columna:

+desref(ref;filas;columnas;[alto];[ancho])

La función *desref* tiene los siguientes 3 argumentos:

- Argumento 1: Inicio rango de datos, es solo una celda (no una matriz de datos, como en la función *índice,* ver más adelante).
- Argumento 2: Número de filas que se desplaza, la primera fila está catalogada con el valor 0.
- Argumento 3: Número de columnas que se desplaza, la primera columna está catalogada con el valor 0.

Por ejemplo, si disponemos de las primas de un total de 5 asegurados en función de tres modalidades (ver Figura 19), obtendremos los distintos valores según cómo continuemos la fórmula en filas y columnas.

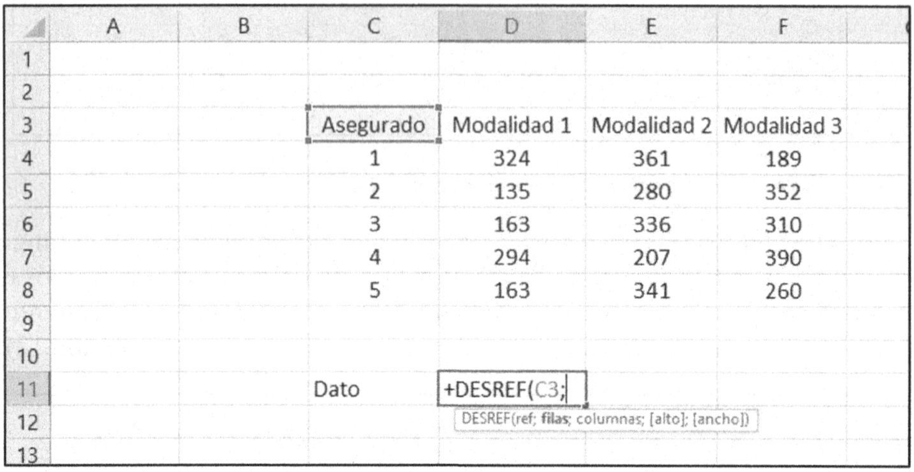

	A	B	C	D	E	F
1						
2						
3			Asegurado	Modalidad 1	Modalidad 2	Modalidad 3
4			1	324	361	189
5			2	135	280	352
6			3	163	336	310
7			4	294	207	390
8			5	163	341	260
9						
10						
11			Dato	+DESREF(C3;		
12				DESREF(ref; filas; columnas; [alto]; [ancho])		
13						

Figura 19. Ejemplo función *desref*. Fuente: Elaboración propia

En el ejemplo anterior podemos terminar, por ejemplo, con las siguientes filas y columnas:

Valor Filas	Valor Columnas	Resultado
2	1	135
1	3	189
1	1	324
4	0	4

Tabla 4. Ejemplo función *desref.* Fuente: Elaboración propia

Por ejemplo, si ponemos +DESREF($C$3;1;3) se desplaza 2 filas (1 del segundo argumento + 1 porque arranca o inicia en 0) hacia abajo y 5 columnas (4 del tercer argumento + 1 porque inicia en 0) hacia la derecha. Nos devuelve entonces el valor de 189. Nótese que la función *desref* permite incluir valores negativos en los argumentos 2 y 3. Si el valor es negativo en el segundo argumento se desplaza hacia arriba mientras que si es negativo en el tercer argumento se desplaza hacia la izquierda. Justo lo contrario que con valores positivos en dichos argumentos.

1.3.4. Indice

La función *indice* es similar a la función *desref* y tiene como objetivo devolver un valor sobre un rango de celdas tras indicarle la matriz, la fila y la columna:

+indice(matriz;núm_filas;[núm_columnas])

La función *índice* tiene los siguientes 3 argumentos:

- Argumento 1: matrix de datos donde realizar la búsqueda de las filas y columnas que se introducen, a continuación, en el argumento 2 y 3 respectivamente.
- Argumento 2: Número de filas que se desplaza, la primera fila está catalogada con el valor 1.
- Argumento 3: Número de columnas que se desplaza, la primera columna está catalogada con el valor 1.

Por ejemplo, en la Figura 20, si deseo buscar el valor 163, éste se encuentra en la fila 4[5] de la matriz (primer argumento) y en la columna 2 de la matriz.

Asegurado	Modalidad 1	Modalidad 2	Modalidad 3
1	324	361	189
2	135	280	352
3	163	336	310
4	294	207	390
5	163	341	260

=+INDICE(D4:G9;4;2)

INDICE(**matriz**; núm_fila; [núm_columna])
INDICE(**ref**; núm_fila; [núm_columna]; [núm_área])

Figura 20. Ejemplo función *índice.* Fuente: Elaboración propia

---

5 Nótese que la matriz incluye las cabeceras (títulos de las columnas). Por ese motivo, cuando se quiere buscar en la fila *n* de los datos, en el argumento 2 (filas) siempre hay que introducir *x+1*.

1.4. TABLAS DINÁMICAS

Las tablas dinámicas ayudan a sintetizar cualquier tipo de información sobre la base de las columnas. Las tablas dinámicas tienen grandes ventajas como las que se indican a continuación:

- Son fáciles de utilizar.
- Son rápidas.
- Son muy conocidas por cualquier usuario.

Sin embargo, presentan algunos pequeños inconvenientes:

- Es necesario siempre disponer de cabeceras (títulos) en las columnas. En caso de que no se realice de tal como, el mensaje de error enviado por Microsoft Excel es poco clarificador.
- No permite la realización de operaciones complejas.
- Cuando se referencia a una tabla dinámica hay que ir despacio con la codificación de la celda puesto que no presenta la dinámica habitual sino que se incluye la codificación "IMPORTARDATOSDINAMICOS()".

Para el uso correcto de la celda, hemos de partir de información (ver Figura 20) de las características de una serie de asegurados. En concreto, se trata de los metros cuadrados (M2), de dos variables dicotómica binaria INQPRO (P=Propietario, I=Inquilino), la forma de pago FPAGO (A= Anual, S=Semestral y T=Trimestral) y la edad del asegurado de 1.000 pólizas de una cartera de seguros de hogar.

	A	B	C	D	E	F	G	H
1								
2		M2	INQPRO	HABSE	FPAGO	EDAD		
3		100	P	H	A	53		
4		90	P	H	A	48		
5		100	P	H	A	54		
6		70	P	H	A	60		
7		70	P	H	A	46		
8		50	P	S	S	57		
9		90	P	H	A	40		
10		65	P	H	A	54		
11		88	P	H	A	68		
12		100	P	H	A	56		
13		120	P	H	A	67		
14		65	P	H	A	52		
15		97	P	H	A	42		
16		53	P	H	A	64		

Figura 21. Ejemplo de variables en un seguro de hogar para la realización de una tabla dinámica. Fuente: Elaboración propia

Si se desea obtener el número de pólizas por forma de pago (Variable FPAGO) hemos de construir una tabla dinámica.

En primer lugar, vamos a Insertar/Tabla dinámica. En la parte superior (1) hay que incluir los datos que se desea construir la tabla dinámica[6]. En la parte inferior (2) se selecciona o bien crear una nueva hoja, o insertar la tabla dinámica en la hoja que están los datos. En este ejemplo nos hemos decantado por la segunda opción (ver Figura 22).

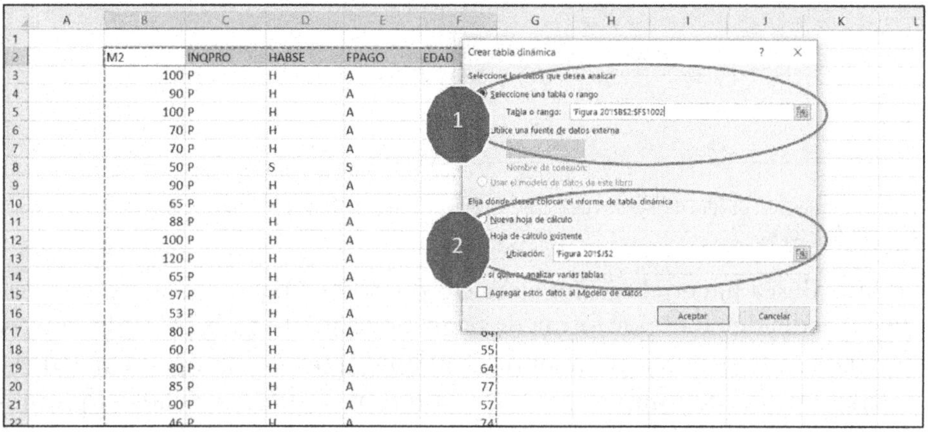

Figura 22. Procedimiento para la construcción de una tabla dinámica. Fuente: Elaboración Propia.

Una vez elaborada (ver Figura 23 izquierda), tendremos que seleccionar en las filas la variable categórica (FPAGO) y en los valores también FPAGO porque nos contará las pólizas por cada opción[7] (ver Figura 23 derecha).

---

6 Nótese que es importante introducir las cabeceras (títulos de las variables).

7 Para contar el número de pólizas que cumplen una condición se hubiera obtenida de igual modo utilizando cualquier otra variable. Es una casuística cuando el objetivo que se busca es "contar".

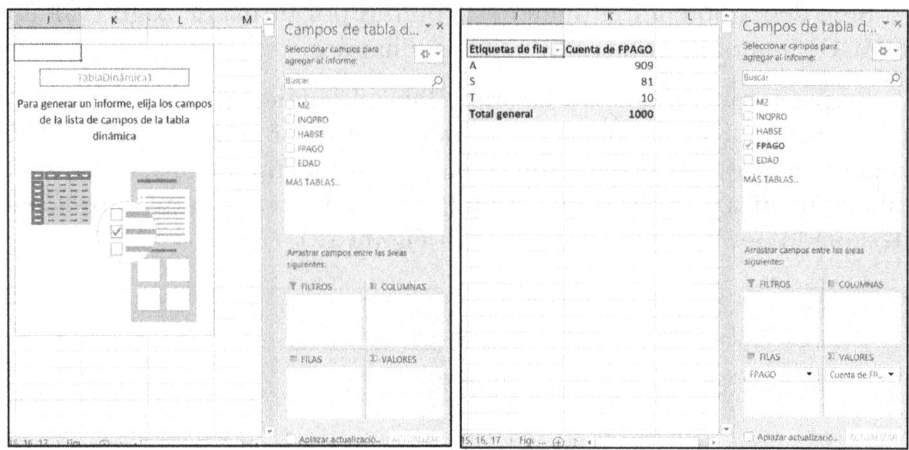

Figura 23. Izquierda: Cuadro de mandos de la tabla dinámica. Derecha: Realización del ejercicio planteado. Fuente: Elaboración Propia.

Si se desea hacer el mismo ejercicio por FPAGO, pero se le quiere añadir la media de edad por forma de pago. Se le añade en la parte de valores (ver Figura 24 izquierda) y sobre el desplegable ▾ la opcionalidad de "configuración de campo de valor". Posteriormente se le añade el promedio (ver Figura 24 derecha).

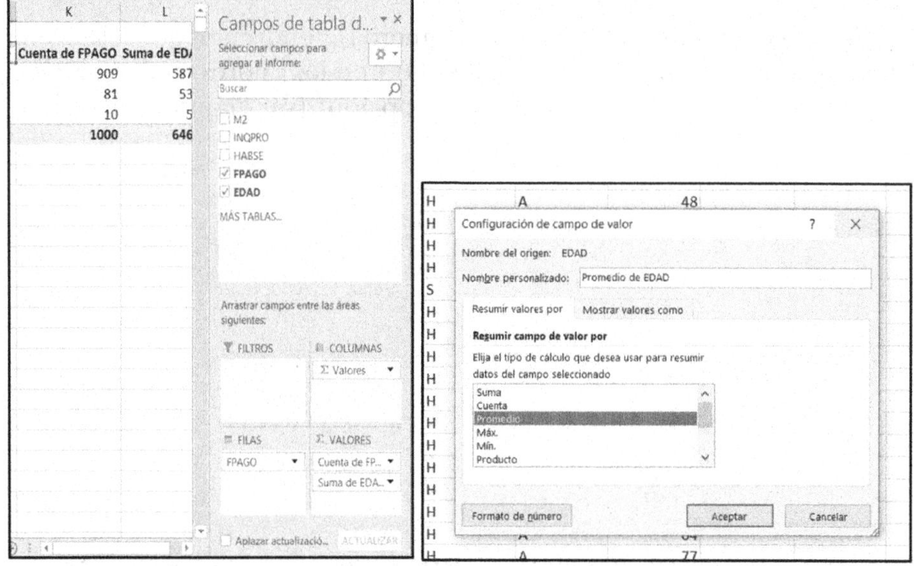

Figura 24. Izquierda: Cuadro de mando añadiendo una nueva columna. Derecha: Configuración de campo de valor. Fuente: Elaboración Propia.

El resultado obtenido se puede ver en la Figura 24. Vemos que la edad de las personas que contratan un seguro trimestral es inferior a aquellas personas que contratan con una periodicidad anual o semestral.

Etiquetas de fila	Cuenta de FPAGO	Promedio de EDAD
A	909	64,60
S	81	66,22
T	10	56,40
Total general	**1000**	**64,65**

Figura 25. Resultado de un ejemplo de una tabla dinámica

Como se ha visto anteriormente, si se desea conocer el número de *ítems* de una variable (por ejemplo, Forma de pago), se debe seleccionar en las filas. A veces, el usuario, desea conocer, por ejemplo, el número de pólizas en función de dos variables, una en las filas, y otra variable en las columnas. Esta nueva tabla de datos se denomina tabla de contingencias o tabla de doble entrada. Para su construcción en Microsft Excel a través de una tabla dinámica, tan solo hay que añadir (a lo visto en la Figura 24 izquierda) la nueva variable en las columnas (ver Figura 26).

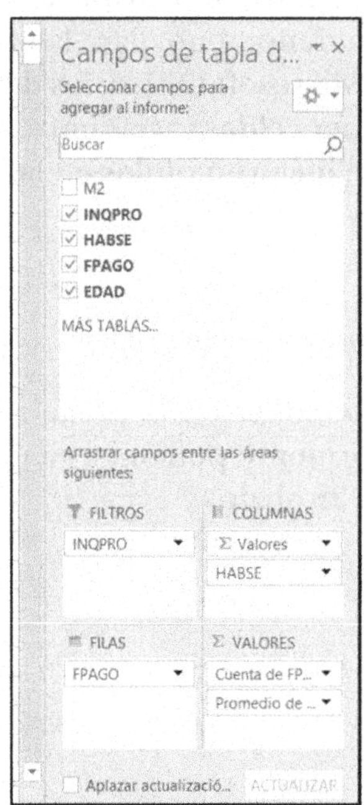

Figura 26. Configuración de campo de valor para introducir una nueva columna a lo visto en la Figura 24. Fuente: Elaboración propia.

La introducción de una nueva variable en las columnas nos permite no solo conocer un parámetro, por ejemplo, el número de pólizas en función de la forma de pago y el sexo (ver Figura 27) sino añadir otro tipo de características, por ejemplo, la edad de los asegurados.

INQPRO	(Todas)					
	Etiquetas de columna					
	Cuenta de FPAGO		Promedio de EDAD		Total Cuenta de FPAGO	Total Promedio de EDAD
Etiquetas de fila	H	S	H	S		
A	817	92	64,53	65,21	909	64,60
S	76	5	66,45	62,80	81	66,22
T	8	2	55,13	61,50	10	56,40
Total general	**901**	**99**	**64,61**	**65,01**	**1000**	**64,65**

Figura 27. Resultado de un ejemplo de una tabla dinámica añadiendo una nueva columna a los datos que estudie el género del asegurado. Fuente: Elaboración propia.

1.5. GRÁFICOS

La utilización de los gráficos permite al usuario traducir una serie de datos en una representación gráfica que ayude al lector en el entendimiento del comportamiento de un fenómeno. Para la realización de una representación gráfica a través de Microsoft Office, los datos han de estar en **formato tabla** y **no han de contener celdas vacías** entre las filas y las columnas. Por último, es importante si se **incluyen títulos** en las columnas para facilitar su realización.

1.5.1. Introducción a la representación gráfica

Los gráficos están disponibles en la pestaña Insertar/Gráficos (ver Figura 28 arriba) y posteriormente podemos elegir el tipo de gráfico que se desea realizar (ver Figura 28 abajo).

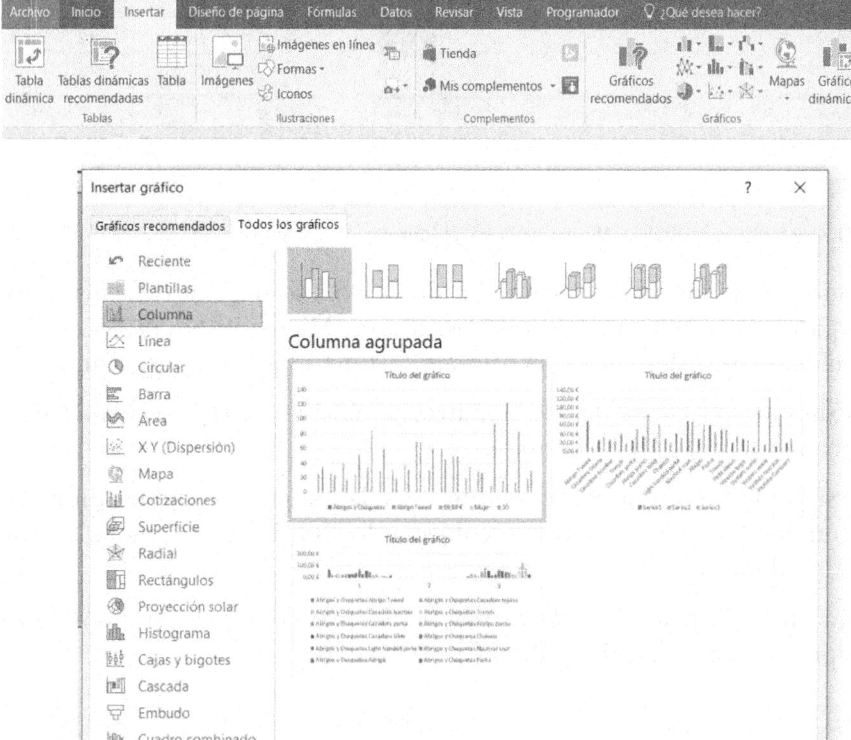

Figura 28. Arriba. Cuadro de mando para insertar gráficos. Abajo. Tipo de gráfico que se puede insertar. Fuente: Elaboración propia.

Los puntos son los siguientes:

- Seleccionar el rango de celdas incluyendo encabezados y títulos, luego el icono por cada tipo
- Elegir el tipo deseado
- Elegir el subtipo

Una vez seleccionado el gráfico, aparecen 2 nuevas sub-pestañas (ver Figura 29). En la Figura 29 (arriba) tenemos el diseño del gráfico y nos permite cambiar el tipo de gráfico y los datos de origen. En la Figura 28 (abajo) nos permite seleccionar el formato: rellenos, bordes…etc.

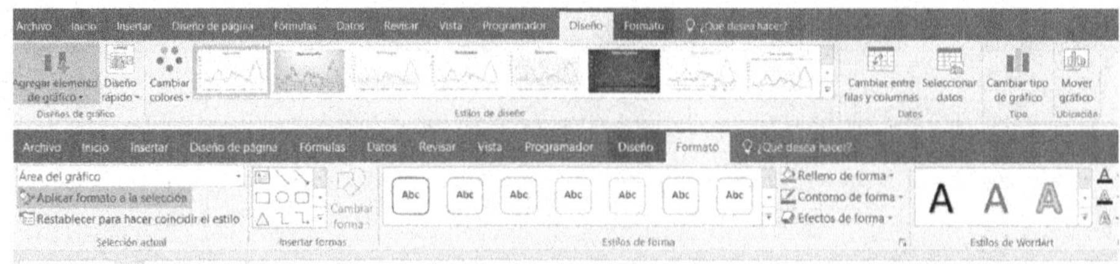

Figura 29. Arriba. diseño del gráfico. Abajo. seleccionar el Formato:

Lógicamente, cuando se cambian de valores se ha han de *refrescar* los datos para que cargue dichos nuevos valores. Microsoft Excel no cambia automáticamente al incluir una nueva fila (rango fijo). Hay que cambiar:

- Si se inserta en medio de la matriz de datos el rango crece automáticamente y el gráfico también
- Si se incluye en la última columna de la matriz hay que modificar el rango. Tocar el gráfico y se colorean los bordes de los datos, agrandar el rango

Para ello, la opcionalidad correcta es Herramientas de gráficos/Diseño/Tipo/Cambiar tipo de gráfico (ver figura 30).

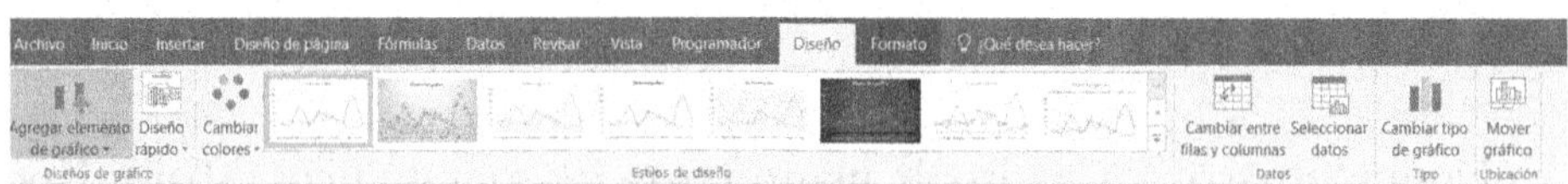

Figura 30. Opcionalidad para cambiar el tipo de gráfico. Fuente: Elaboración propia.

A pesar de todo lo comentado, es importante resaltar algunos consejos prácticos si se desea imprimir la figura:

- Según si el gráfico está embebido. Imprimir la hoja tal cual (previsualizar)
- Se puede imprimir solo seleccionándolo y con vista preliminar (apaisado)
- No mezclar diferentes unidades en la misma gráfica

A veces, el usuario no tiene en una base de datos correctamente estructurada y, entonces, Microsoft Excel supone…

Si tienes más filas que columnas, se imagina que la primera columna es el eje de categorías

Si tienes más columnas que filas, se imagina que la primera fila es el eje de categorías

Tienes la opción de modificar los dos puntos anteriores en las herramientas de gráficos/Diseño/Datos/Cambiar filas/columnas.

Si se desea ver las funcionalidades del gráfico (ver Figura 31), se puede realizar de alguna de las dos siguientes maneras varía en función de la versión que se utilice de Microsoft Excel:

- Herramientas de gráficos/Ejes/Eje principal horizontal/Más opciones del eje horizontal primario
- Pinchando botón derecho en el gráfico, y seleccionar en el desplegable "Ejes":

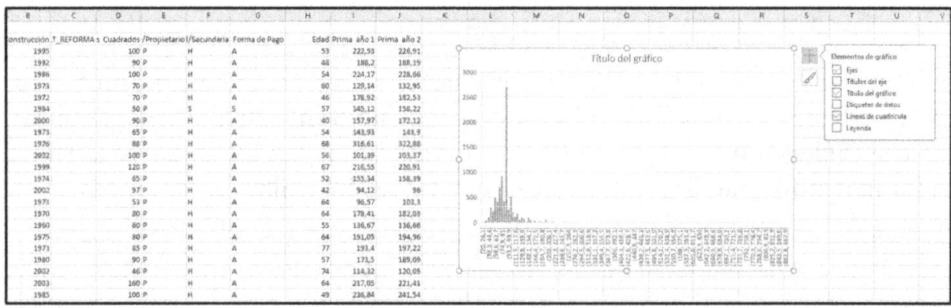

Figura 31. Opcionalidad dentro de un gráfico. Ejemplo, histograma de metros cuadrados de un seguro de hogar. Fuente: Elaboración propia.

Respecto a los ejes del gráfico, podemos encontrar dos ejes:

Eje primario

Eje secundario: Es muy útil utilizar este eje cuando posees dos variables (ver Figura 31[8]) cuyas magnitudes son muy diferentes, y una de ellas no se ve en el gráfico. Por tanto, se selecciona la variable y se modifica el eje secundario, y así cada variable queda perfectamente representada en un eje.

---

[8] Para ejemplificar el eje secundario, querido lector, se ha decidido utilizar otra base de datos distinta al sector asegurador.

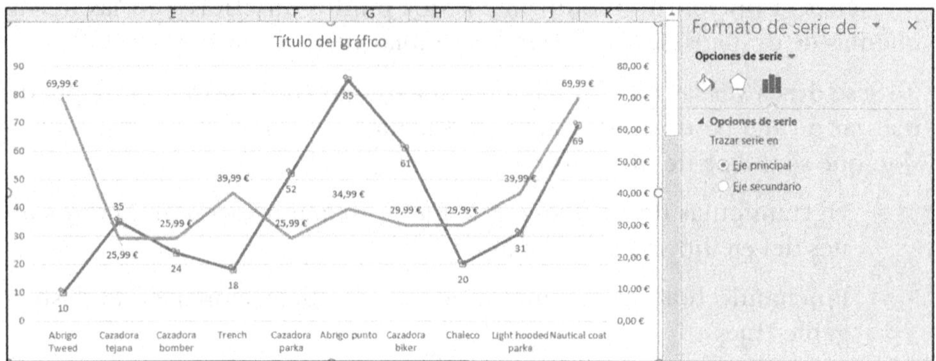

Figura 32. Eje primario y secundario. Fuente: Elaboración propia.

A veces, es necesario modificar la base de datos del gráfico, por lo tanto, se puede realizar en Crear el gráfico y Herramientas de gráficos/Diseño/ Datos/Seleccionar datos (ver Figura 33). En dicha opcionalidad se permite eliminar información, modificar nombre, cambiar filas por columna…

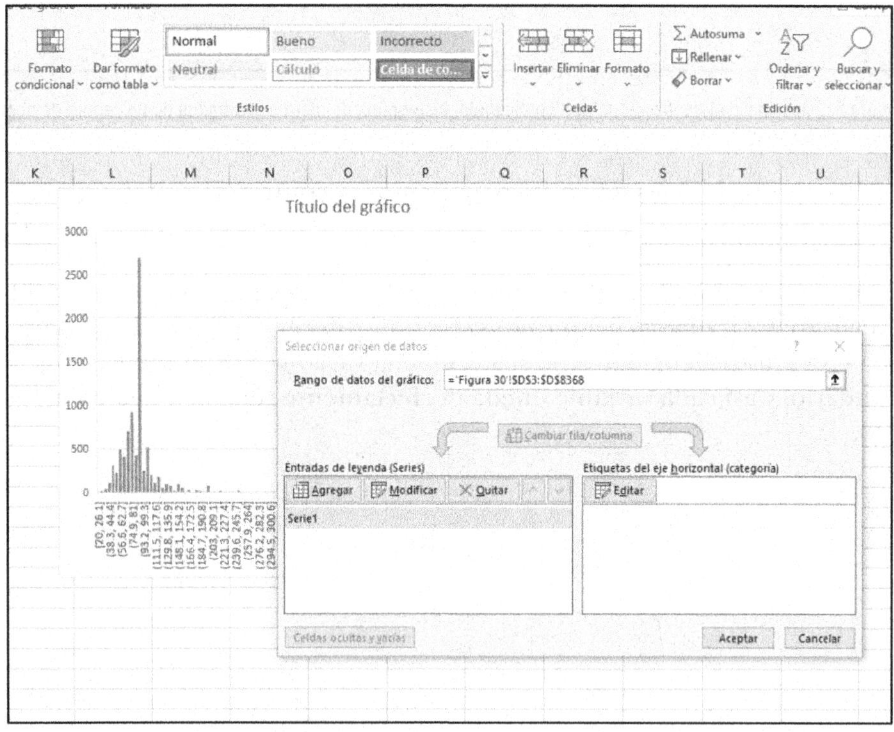

Figura 33. Gestión del origen de los datos. Fuente: Elaboración propia.

1.5.2. Gráfico de columna y barras

Las columnas muestran los datos de forma vertical y las barras de forma horizontal. Tipos de gráficos:

- Agrupados: cada valor su columna.
- Apilados: cada categoría su columna añadiendo y subdividiendo.
- Apilados 100%: Todos igual y se ve la distribución proporcional.
- Versiones 3D: Se usan muy poco en la práctica.

Para la visualización de un gráfico de columna y barras, se ha creado una tabla dinámica según la Forma de Pago (ver Figura 34) y se ha realizado la representación gráfica.

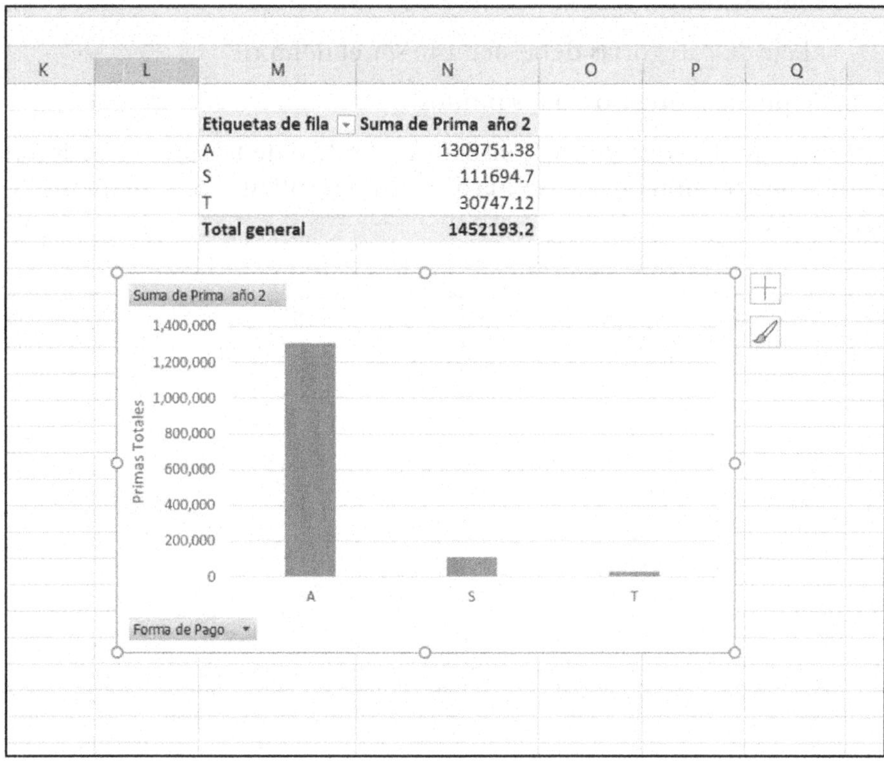

Etiquetas de fila	Suma de Prima año 2
A	1309751.38
S	111694.7
T	30747.12
Total general	**1452193.2**

Figura 34. Gráfico de Columnas y Barras. Fuente: Elaboración propia.

1.5.3. Gráfico de Líneas

Existen numerosos tipos de gráfico de Líneas:

- Línea: cada valor su columna
- Línea apilada y apilada 100%
- Línea con marcadores
- Línea apilada con marcadores
- Línea 100% apilada con marcadores
- Líneas 3D: Se usan muy poco en la práctica

Tiene un uso principal y sirven para representar:

- Tendencias
- El eje de categorías debe siempre ser el tiempo
- Se puede marcar o no los puntos

Por ejemplo, si decidimos construir un gráfico de líneas en función del año de construcción de la vivienda a la figura resultante es la siguiente (ver Figura 35):

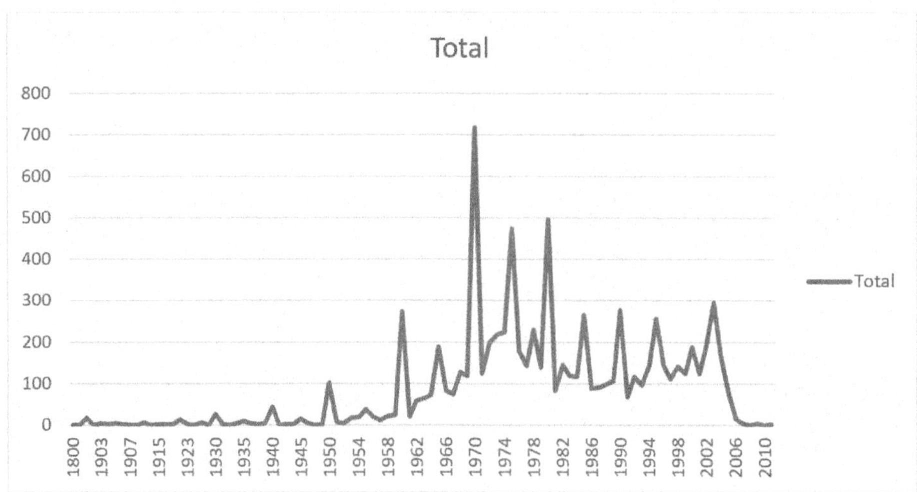

Figura 35. Gráfico de Líneas. Fuente: Elaboración propia.

Para su realización: Insertar gráfico/Lineas o se puede reutilizar el gráfico anterior de barras y utilizar la opción de cambiar gráfico y elegir el de Líneas.

1.5.4. Gráfico de Dispersión

El gráfico con dispersión se utiliza comúnmente para uso científico, médico y estadístico. Para evitar "unir los puntos" sino ver dispersión sobre una tendencia con líneas suavizadas o rectas o con marcadores.

Por ejemplo, si se desea conocer la relación lineal entre la variable 1 "precio de un vehículo" y la variable 2 "potencia" del vehículo lo habitual es utilizar una representación gráfica de tipo dispersión (ver Figura 36).

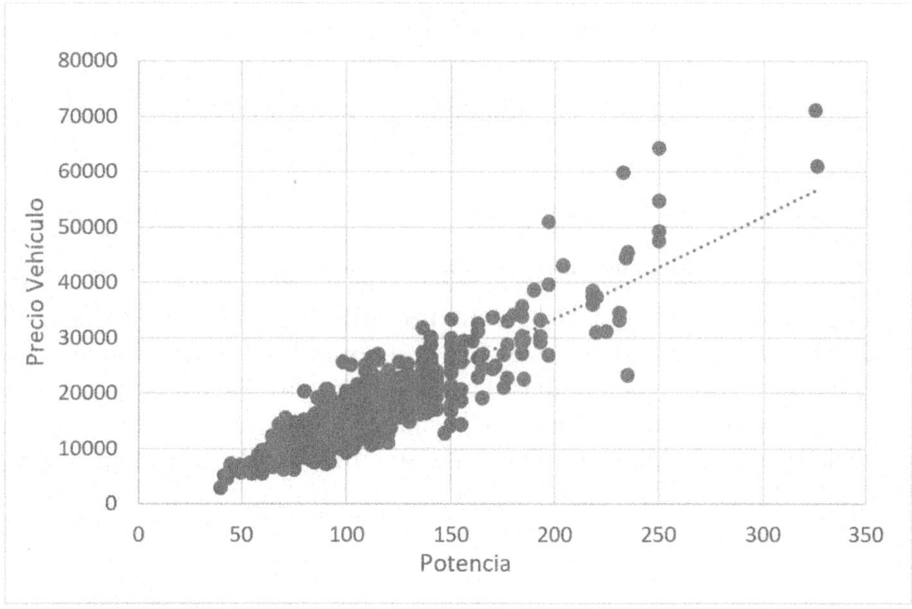

Figura 36. Gráfico de Dispersión. Fuente: Elaboración propia.

Sin el inicio de un gráfico de dispersión también puede ser sin línea trazada, se ve a través de las burbujas graficadas y como máximo admite 3 variables, una en el eje X, otra en el Y y el tamaño de las burbujas (cambia en función del tamaño de la variable como por ejemplo en función del peso, en función del número de individuos…).

1.5.5. Gráfico circular

El gráfico circular se utiliza para indicar que cada porción es una parte con o sin cachos separados, en otras palabras, queso de queso.

Por ejemplo, si se desea representar el número[9] de la variable Vivienda (habitual "H" o secundaria "S") se puede realziar a través de un gráfico circular (ver Figura 37).

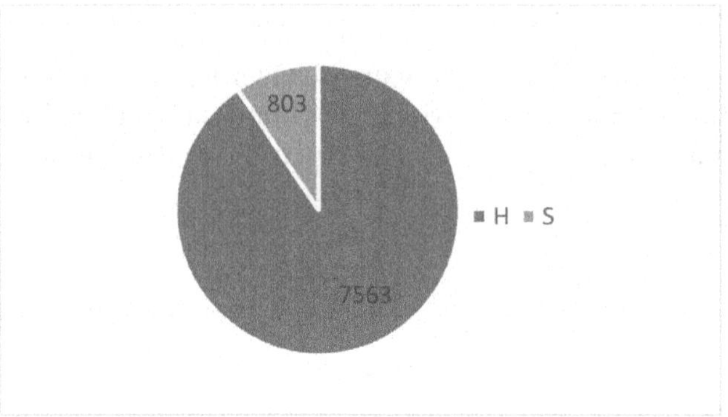

Figura 37. Gráfico circular. Fuente: Elaboración propia.

Para ello, seguimos los siguientes pasos: Insertar gráfico/Circular

Lógicamente, como hasta el momento, es posible cambiar el formato de cualquier funcionalidad de Excel. Los gráficos no son una excepción. Para ello, hay que ir a Herramientas de gráfico/Diseño/Estilos de gráfico. Al elegir un estilo se quita el formato existente y el cuadro de mando depende de la versión de Microsoft Excel que se tenga instalada (ver Figura 38).

Figura 38. Cuadro de mando para cambiar formato de gráficos. Fuente: Elaboración propia.

9 También es muy habitual observarlo con un porcentaje, %.

1.6. EJERCICIOS TEMA 1

Ejercicio 1. Suma el total de primas de la (columna D) en función del canal de comercialización (columna C). Realiza la suma anterior en la Tabla G3:H6. Finalmente realiza la suma de todas las pólizas en la celda H8.

Ejercicio 2. Suma el total de primas de la (columna D) en función de los 5 agentes de la compañía (columna C). Realiza la suma anterior en la Tabla G4:H9. Finalmente realiza la suma de todas las pólizas en la celda H8. Importante: ¿La suma de la Tabla G4:H9 coincide con el total de primas de la celda D2? En caso contrario busca el error que se encuentra en los 15 primeros agentes.

Ejercicio 3. Inserta una nueva columna y clasifica a los clientes. Si es menor de 30 años y el COSTE es igual a 0 "Regalo", sino, "No Regalo". ¿Cuántos regalos hay?

Ejercicio 4. Inserta una nueva columna y clasifica a los asegurados según el siguiente criterio:

Clasificación	Edad	PRNETA12	Provincia
1	<35	>100	8,28 y 46
2	>=35 y <=50	>150	Cualquiera
3	>50	Cualquiera	Cualquiera
4	<35	<100	Todas menos 8,28 y 46
5	<35	<100	8,28 y 46
6	resto		

Ejercicio 5. Dispones de las ventas de un determinado producto asegurador por género y zona. A través de la tabla auxiliar.

a. Obtén el precio de cada producto (Columna E)

b. Obtén el descuento según el género (columna F)

c. Obtén el descuento según la Zona (columna G)

Ejercicio 6. La estrategia de subida de precios se realiza en función de la Modalidad siguiendo el siguiente criterio.

MODALIDAD	1	3	56	2	4	5	6	62	7	8
Incremento de Prima (**Incr**)	2%	4%	6%	8%	10%	12%	14%	16%	18%	20%

El incremento del precio se calcula: Prima·(1+ Incr). Dispones de la tabla anterior en la hoja correspondiente. Calcula el incremento (Incr) de la prima según la modalidad.

Ejercicio 7. En este ejercicio dispones de los tipos de interés de un trimestre para cada país de referencia (columnas) y según el plazo de duración (filas) que se publican en EIOPA. Se pide:

a. Inserta un desplegable con todos los países en la celda C6.

b. Inserta un desplegable con todas las duraciones en la celda C7

c. A través de una función de tipo coincidir/desref/indice devuelve el tipo de interés según el país que hayas seleccionado en el apartado a) (celda C6) y en la duración en la celda (C7).

d. En la celda C15. Realiza el mismo ejercicio que el apartado c) pero solo se puede utilizar la función buscarv.

Ejercicio 8. Respecto de la variable anterior (ANIO_GRATIS), crea una tabla dinámica con la siguiente tabla:

Año Gratis	Media Prima	Media Capital	Media Coste
NO			
SI			

Ejercicio 9. Se precisa estudiar a fondo aquellas pólizas con **más de 150 metros cuadrados** (M2) y por forma de pago (FPAGO). El estudio consiste en obtener la siguiente tabla respecto de dichas pólizas.

Siendo la forma de pago (FPAGO): A=Anual, S=Semestral y T=Trimestral, crea la siguiente tabla:

Forma de Pago	Nº Pólizas	Media Capital	Total Prima	Total Coste	% Siniestralidad (*)
A					
T					
S					

(*) La siniestralidad se calcula como Total COSTE / Total PRNETA12

Ejercicio 10. Crea un gráfico de dispersión (burbujas) entre la variable metro cuadrado (M2) y la variable capital vivienda (Capital).

Tema 2

Excel aplicado a la tarificación de los seguros de vida

2.1. INTRODUCCIÓN

Los seguros de vida constituyen una parte muy importante del negocio asegurador. En esta tipología de seguro tiene que tenerse en cuenta la necesidad de valorar la vida humana y toda la dificultad que comporta su cuantificación en términos económicos. Por ejemplo, si fallece el o la sustentador(a) principal de la familia se produce una pérdida importante de poder adquisitivo.

Los seguros de vida se engloban en los siguientes tres grandes bloques:

- Los seguros de vida-riesgo: son productos cuya cobertura principal es el fallecimiento. En caso de que el asegurado fallezca, los herederos designados en las condiciones particulares de la póliza percibirán una determinada cantidad de dinero.
- Los seguros de vida-ahorro: son productos cuya cobertura principal es la supervivencia del asegurado. En caso de que el asegurado sobreviva a una determinada edad, éste percibirá una determinada cantidad de dinero en forma directa (capital) o en forma de renta (temporal o vitalicia). Dentro de esta tipología de seguros están los capitales diferidos, el (capital) vida entera, la renta temporal y la renta vitalicia.
- Los seguros Unit-linked: Una parte del dinero aportado se invierta en una cesta de fondos de inversión, elegidos por el asegurado de la póliza según un perfil de riesgo definido (prudente o conservador, moderado o arriesgado). En cualquier caso, el riesgo de inversión es asumido por el asegurado sin que recaiga sobre la entidad aseguradora. Esta percibe solo una pequeña comisión por gastos de intermediación y el beneficio de un pequeño seguro de vida-riesgo que incluye en la póliza. Dado que no tiene ningún componente actuarial, excepto la parte de vida-riesgo que será valorada en el punto 2.1., no se realizará ninguna valoración en el presente curso.

La estructura de este tema es la siguiente. En el punto dos se estudiarán los principales seguros de vida-riesgo. Se estudiará el seguro temporal renovable año a año, el seguro a plazo de prima única, el seguro a plazo de prima nivelada y el seguro vida entera. El tercer punto está destinado al estudio de las rentas, que pueden ser temporales o vitalicias (con contraseguro o sin contraseguro).

2.2. SEGUROS DE VIDA

2.2.1. Seguro Temporal Anual Renovable

El Seguro Temporal Anual Renovable cubre, en caso de fallecimiento del asegurado antes de alcanzar una determinada fecha, una cantidad de dinero (suma asegurada) a cambio del pago de una prima periódica (calculada anual, aunque pagadera mensual, trimestral, semestral o anualmente).

Para saber más

Para tarificar este seguro se requiere el uso una la tabla de mortalidad. La tabla de mortalidad suele construirse a partir de los supervivientes a cada edad. Una manera habitual de elaborar una tabla de mortalidad es partir de un valor inicial, l_0, (habitualmente representando por 100.000 o 1.000.000 individuos) para la variable biométrica l_x, que representa el número de individuos que alcanzan la edad exacta x. Asumiendo la muerte como factor único de salida, dicha variable disminuye edad a edad a causa de la incidencia de la mortalidad en el colectivo; representada por la probabilidad de que una persona de edad x fallezca antes de alcanzar la edad $x+1$, q_x. También es habitual utilizar la variable biométrica, m_x , definida como el cociente entre el número de personas que fallecen a la edad x y el número medio de personas que están expuestas al riesgo en el periodo t.

Las tablas de mortalidad son construidas por diferentes entidades u organismos oficiales. Así, para una población general, las tablas de mortalidad de España son construidas por el Instituto Nacional de Estadística (INE), mientras que en Reino Unido lo son por The Office for National Statistics. Por otro lado, en la población asegurada, esta labor puede ser realizada por el regulador de cada país, en España la Dirección General de Seguros (DGS), o por las propias compañías aseguradoras.

Desde el pasado 17 de diciembre de 2020, las tablas de mortalidad utilizadas en el sector asegurador para el cálculo de los precios (proceso de pricing) son las denotadas como PASEMF2019 (primer orden). A continuación, se muestra la probabilidad de fallecimiento, q_x (en escala logarítmica) de dicha tabla de mortalidad.

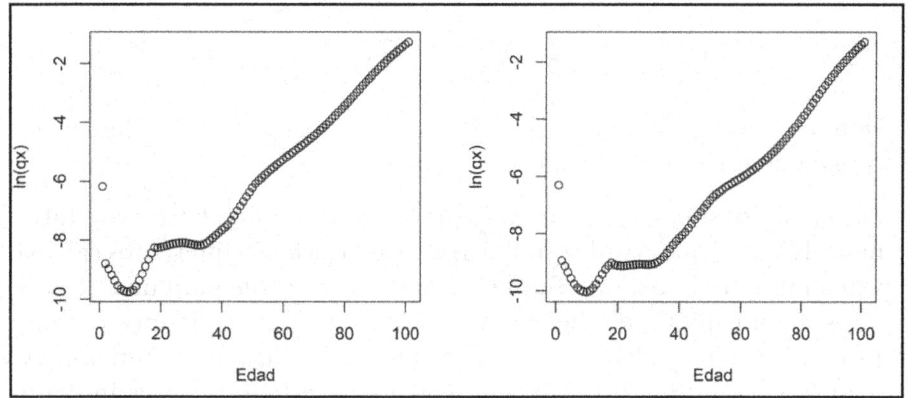

Figura 39: Probabilidad de fallecimiento, (en escala logarítmica). Izquierda hombres, derecha mujeres. Fuente: Elaboración Propia.

Para calcular el seguro Temporal Anual Renovable necesitamos calcular la probabilidad que una persona de edad *x* no alcance la edad $x+1$, q_x. Para ello, en primer lugar necesitamos su complementario que no es más que la probabilidad que una persona de edad *x* alcance la edad q_x+1, p_x. La relación entre ambas es la siguiente: $q_x = 1 — p_x$. La p_x se calcula como el número de personas que alcanzan con vida a la edad $x+1$, l_{x+1}, dividido por el número de personas que están con vida al inicio de dicha edad *x*, l_x.

$$p_x = \frac{l_{x+1}}{l_x}$$

Y, por lo tanto, su complementario se calcula como sigue:

$$q_x = 1 - \frac{l_{x+1}}{l_x}$$

Una vez conocida la probabilidad, la prima pura del seguro Temporal Anual Renovable se calcula como sigue:

$$P = C \cdot q_x$$

Donde es el capital de fallecimiento (suma asegurada) que elige el asegurado en el inicio del contrato.

Por ejemplo, si partimos de las l_x que se obtienen en el archivo "Tablas de mortalidad" [10] que hay disponibles en el aula virtual y queremos calcular la prima pura de un Seguro Temporal Anual Renovable para una persona de años y con capital de fallecimiento de 250.000 € necesitamos obtener, en primer lugar, la l_{60}. Esta cantidad se obtendrá utilizando la función *buscarv* vista en el punto (2.3.1). La Figura 40 nos muestra este procedimiento:

SUMA | fx +BUSCARV(60;$A$1:$B$122;2;0)

	A	B	C	D	E	F	G	H	I	J
1	Edad	lx								
2	0	100000								
3	1	99803.0702								
4	2	99788.9829			l60	+BUSCARV(60;$A$1:$B$122;2;0)				
5	3	99777.2988			l61					
6	4	99767.7715								
7	5	99760.0121								
8	6	99753.5016								
9	7	99747.7816								
10	8	99742.4687								
11	9	99737.365								
12	10	99732.2835								
13	11	99726.9269								
14	12	99720.9605								
15	13	99713.8707								
16	14	99705.1374								
17	15	99694.2354								
18	16	99680.7042								
19	17	99664.3844								
20	18	99645.4101								
21	19	99626.8134								
22	20	99608.1192								
23	21	99589.167								

Figura 40. Búsqueda de la l_x en una tabla de mortalidad a través de la función *buscarv*. Fuente: Elaboración Propia.

Si hacemos también lo mismo para la edad de 61 años, l_{61} nos quedará la siguiente solución:

10 PASEMF2019 de primer orden correspondientes al 50% de los hombres y el 50% de las mujeres.

$$P = C \cdot q_x = C \cdot \frac{l_{x+1}}{l_x} \rightarrow P = 250.000 \cdot \frac{95.269{,}71}{95.661{,}39} = 1.023{,}62 \text{ €}$$

Nótese que en algunas compañías aseguradoras se incluye un factor de descuento $(1+i)^{-0,5}$. Asumiendo que la prima que se percibe a mitad de año. En ese caso, la prima pura quedaría:

$$P = C \cdot q_x \cdot (1+i)^{-0,5} = C \cdot \frac{l_{x+1}}{l_x} \cdot (1+i)^{-0,5}$$

2.2.2. Temporal a plazo de prima única

El seguro temporal a plazo de prima única tiene la misma estructura que el Seguro Temporal Anual Renovable, pero en este caso el plazo es superior al año, con la correspondiente importancia de la variable tipo de interés.

Las entidades financieras son las principales proveedoras de este tipo de seguro. Cuando el cliente decide contratar un préstamo hipotecario para la adquisición, por ejemplo, de su vivienda habitual, la entidad financiera le ofrece cubrir el capital solicitado con este producto. Así, el cliente abona de una sola cantidad el seguro que cubrirá, para toda la vigencia del préstamo hipotecario, el capital pendiente de amortización en caso de fallecimiento. Estamos ante un ejemplo de un nivel considerable (lo analizaremos posteriormente).

Para introducir este concepto, partimos de un ejemplo también muy común en las compañías de seguros. Por ejemplo, si una persona de 60 desea que sus beneficiarios, en caso de fallecimiento, perciban 150.000 €. Suponiendo un tipo de interés técnico del 1%, el cálculo de la prima única (pura) que debe abonar el asegurado se detalla en los siguientes pasos (ver Figura 41).

- Paso 1: (Columna G). Cálculo de la l_x. El cálculo del número de personas con edad x se realiza utilizando la función *buscarv* apoyándose de la hoja "Tablas de mortalidad que figura en el mismo archivo. Por ejemplo, para el cálculo de la l_{60} se realiza la siguiente fórmula.

= BUSCARV(E6;'Tablas de mortalidad'!$B$3:$C$124;2;0)

- Paso 2: (Columna H). El cálculo de la probabilidad de que una persona de edad x alcance la edad x+*t*, $_{t}p_x$ se calcula como el cociente entre el número de personas con vida con edad x+*t*, l_{x+t}, y el número de personas con vida con edad x, l_x. Matemáticamente queda, $_{t}p_x = \frac{l_{x+t}}{l_x}$. Por ejemplo, para el ejemplo comentado, si queremos calcula la probabilidad de que una persona de 60 años llegue con vida a los 62 años$(x = 60 \text{ y } t = 2)$. Quedaría, matemáticamente: $_{2}p_{60} = \frac{l_{60+2}}{l_{60}}$ y en términos del ejemplo:

  =G8/$G$6

  Nótese que el símbolo del $ (bloquear) se utiliza para que, una vez realizado el primero año, poder arrastrar el resto.

- Paso 3: (Columna I). La probabilidad de que una persona de edad x no alcance la edad $x+1$, q_x, se ha visto en el punto anterior. Por ejemplo, para $x = 60$, q_{60} queda como sigue:

  =1-H7/H6

  Si se desea una edad distinta a la inicial, solo hay que sumar el momento temporal, t, que se desea valorar, q_{x+t}. Por ejemplo, si se desea valorar cuando $t = 2$, $q_{62} = 1 - \frac{l_{60+2}}{l_{61}}$.

- Paso 4: (Columna J). Cuando el plazo, *t*, es superior a un año, el tipo de interés juega un papel fundamental en cualquier tipo de seguro. Para tener en cuenta el momento temporal del dinero, se debe actualizar cada uno de los futuros capital al momento de valoración utilizando una función de descuento[11] $v(t) = (1 + i)^{-t}$. Por ejemplo, para actualizar un valor en el periodo 3, la función de descuento utilizada es $v(t) = (1 + 0{,}01)^{-3} = 0{,}9706$. En términos de Excel, por ejemplo, la celda J9 queda:

  =(1+$C$5)^-(F9)

---

[11] Propiedades de la función de descuento, cuando el tipo de interés es positivo:
- **Primera**: en el momento actual, , la función de descuento vale 1.
- **Segunda**: es positiva y menor que 1. Para momentos posteriores a 0, la función de descuento es positiva pero inferior a 1.
- **Tercera**: la función de descuento es decreciente con :
- **Cuarta**: la función de descuento vale 0 cuando el tiempo se hace muy grande. En otras palabras, la función de descuento vale 0 cuando tiende a infinito.

- Paso 5: (Columna K). El Capital de fallecimiento para el año t, C_t, en este ejercicio, se ha definido como constante para todo el periodo. No obstante, podría ser variable. Por ejemplo, podría crecer a un porcentaje, q, o decrecer siguiendo un préstamo francés (términos amortizativos constantes). Para nuestro ejemplo, este será igual a la celda **C6**.
- Paso 6: (Columna L). El Flujo o Flujo Probable mide los capitales, en el momento actual, del seguro de fallecimiento. Por ejemplo, el a los 61 años Flujo 2, F_2 se calcula como la probabilidad de llegar con vida a los 61 años, ${}_{1}p_{60}$ (Columna H), fallecer con edad 61 años, q_{61}, (Columna I), actualizar los capitales con la función de descuento $v(1)$ (Columna J) y por el capital de fallecimiento, 150.000 € (Columna K). En términos de formulación de Excel quedaría como sigue:

  =K7*H7*I7*J8

  Matemáticamente quedaría:

$$F_t = {}_{t}p_x \cdot q_x \cdot v(t) \cdot C_t = {}_{t}p_x \cdot q_x \cdot (1+i)^{-t} \cdot C_t$$

- Paso 7: (Celda L3). Solo quedaría sumar todos los Flujos probables del Paso 6 para obtener la prima pura de un seguro temporal a prima única. Matemáticamente quedaría:

$$P = \sum_{j=1}^{n} F_t = \sum_{j=1}^{n} {}_{j}p_x \cdot q_{x+j} \cdot v(j) \cdot C_j = \sum_{j=1}^{n} {}_{j}p_x \cdot q_{x+j} \cdot (1+i)^{-j} \cdot C_j$$

Conceptos	Datos
Edad	60
Tipo de interés	1%
Capital	150.000 €

Total	8.261,15 €

Edad	Periodo	lx	tpx	qx	Intereses	Capital	Flujo
60	0	95.661	1	0,0041	1	150.000 €	608,09 €
61	1	95.270	0,9959	0,0044	0,9901	150.000 €	647,44 €
62	2	94.849	0,9915	0,0048	0,9803	150.000 €	689,34 €
63	3	94.396	0,9868	0,0052	0,9706	150.000 €	734,18 €
64	4	93.908	0,9817	0,0056	0,9610	150.000 €	782,43 €
65	5	93.384	0,9762	0,0061	0,9515	150.000 €	834,63 €
66	6	92.819	0,9703	0,0066	0,9420	150.000 €	891,37 €
67	7	92.209	0,9639	0,0071	0,9327	150.000 €	953,48 €
68	8	91.551	0,9570	0,0078	0,9235	150.000 €	1.022,01 €
69	9	90.838	0,9496	0,0085	0,9143	150.000 €	1.098,18 €
70	10	90.064	0,9415		0,9053		

Figura 41. Detalle del cálculo de la Prima Pura para un seguro Temporal a plazo de prima única.

2.2.3. Temporal a plazo de prima nivelada

El producto visto anteriormente supone el pago de una cantidad importante de dinero en el momento inicial. Lógicamente, supone un coste elevado para cualquier asegurado. Por ese motivo nace el seguro temporal a plazo de prima nivelada. Su estructura es prácticamente idéntica al seguro temporal a plazo de prima única, pero con la casuística que la prima se paga anualmente y lo más importante, de la misma cantidad de dinero (prima nivelada), ver Figura 42.

El concepto de prima nivelada supone el pago de una prima constante durante todo el plazo temporal, *t*, del seguro. En ese sentido, al inicio de la cobertura el asegurado paga una cantidad superior al riesgo asumido y posteriormente, y pasados unos años, paga una cantidad inferior al riesgo real.

Los pasos a seguir son los mismos que anteriormente, con la inclusión de un paso adicional:

- Paso 8 (Columna M). Valor actual de una renta temporal, constante y unitaria. Esta renta mide la probabilidad de que la persona llegue con vida a una determinada edad, ${}_{t}p_x$ y actualiza el importe (1 euro, de ahí que sea unitaria), utilizando una función de descuento $v(1)=(1+i)^{-t}$. Esta casuística se tiene en cuenta porque el cliente pagará la prima (constante/nivelada) siempre y cuando llegue con vida en cada momento temporal. Se considera, a diferencia de las prestaciones, que la prima es prepagable[12]. Las prestaciones son pospagables[13].
- Paso 9 (Celda M4). Una vez obtenidos los valores unitarios, el valor actual de una renta temporal, constante y unitaria se calcula sumando todos los valores.

$$a_{x+t} = \sum_{j=1} {}_{j}p_x \cdot (1+i)^{-j}$$

- Paso 10 (Celda M2). El cálculo de la prima nivelada (constante), $\bar{P}$, se calcula como el cociente entre el total de la Prima Pura única (calculado en el Paso 7) y el valor actual de una renta temporal, constante y unitaria. Matemáticamente queda como sigue:

---

12 Pago situado en el inicio del periodo.

13 Pago situado en el final del periodo.

$$\bar{P} = \frac{P}{a_x}$$

Para un entendimiento más amplio de la variable biométrica ver con profundidad el punto 2.3.1. de este libro.

Prima Pura	883,25 €
8.261,15 €	9,35

Conceptos	Datos
Edad	60
Tipo de interés	1%
Capital	150.000 €

Edad	Periodo	lx	tpx	qx	Intereses	Capital	Flujo	a_{x+t}
60	0	95.661	1	0,0041	1	150.000 €	608,09 €	1,00
61	1	95.270	0,9959	0,0044	0,9901	150.000 €	647,44 €	0,99
62	2	94.849	0,9915	0,0048	0,9803	150.000 €	689,34 €	0,97
63	3	94.396	0,9868	0,0052	0,9706	150.000 €	734,18 €	0,96
64	4	93.908	0,9817	0,0056	0,9610	150.000 €	782,43 €	0,94
65	5	93.384	0,9762	0,0061	0,9515	150.000 €	834,63 €	0,93
66	6	92.819	0,9703	0,0066	0,9420	150.000 €	891,37 €	0,91
67	7	92.209	0,9639	0,0071	0,9327	150.000 €	953,48 €	0,90
68	8	91.551	0,9570	0,0078	0,9235	150.000 €	1.022,01 €	0,88
69	9	90.838	0,9496	0,0085	0,9143	150.000 €	1.098,18 €	0,87
70	10	90.064	0,9415		0,9053			

Figura 42. Detalle del cálculo de la Prima Pura para un seguro Temporal a plazo de prima nivelada. Fuente: Elaboración Propia.

Por lo tanto, el asegurado pagará durante los 10 años que dura el seguro una prima nivelada (constante) de 883,25 € para que, en caso de fallecimiento, sus herederos legales perciban 150.000 €

2.2.4. Seguro de Vida Entera

El seguro de Vida Entera es un clásico en las ciencias del seguro. El asegurador, a cambio del cobro de una prima única, se compromete al pago de una determinada cantidad de dinero, suma asegurada, cuando el asegurado fallezca. La peculiaridad de este seguro, en comparación con los anteriores, es que no tiene límites ni en su contratación ni en su duración. Por ejemplo, una persona de 45 años puede contratar dicho seguro y si fallece a los 90 años, sus herederos legales percibirán una cantidad definida en un momento de su contratación.

En términos de notación matemática, A_x, dista un poco de los productos vistos anteriormente. Para una persona de edad x se debe tener en cuenta si el cliente fallece dentro de un año, q_x actualizado al momento actual con una función de descuento, $v(1)=(1+i)^{-1}$. Si el cliente llega con vida a la edad x+*1* y fallece durante x+*1*, aplica la probabilidad diferida, $_{1/}q_x$ y función de descuento $v(2)=(1+i)^{-2}$ y así sucesivamente hasta la edad límite de ω años con probabilidad ${}_{\omega-x-1/}q_x$ y la función de descuento aplicada $v(\omega-x)=(1+i)^{-\omega-x}$.

$$A_x = q_x \cdot v(1) + {}_{1/}q_x \cdot v(2) + \cdots + {}_{\omega-x-1/}q_x \cdot v(\omega - x)$$
$$= q_x \cdot (1+i)^{-1} + {}_{1/}q_x \cdot (1+i)^{-2} + \cdots + {}_{\omega-x-1/}q_x \cdot (1+i)^{-\omega-x}$$

Esta probabilidad diferida puede formularse en términos de probabilidad es temporales de fallecimiento y supervivencia:

$$A_x = q_x \cdot v(1) + {}_1P_x \cdot q_{x+1} \cdot v(2) + {}_2P_x \cdot q_{x+2} \cdot v(3) \ldots + {}_{\omega-x-1}P_x \cdot q_{\omega-1} \cdot v(\omega - x)$$

Por ejemplo, una persona de 60 años desea contratar un seguro de vida entera que en el momento del fallecimiento los herederos legales perciban 50.000 €. Sabiendo que el tipo de interés es del 1%, calcula la prima que ha de abonar esta persona en estos momentos (ver Figura 43).

Para calcular la prima se parten de los siguientes pasos:

- Paso 1: (Columnas E, F, G y H). Son columnas básicas que sirven de apoyo para el resto de las columnas. Se tiene en cuenta la edad (Columna E), hasta años (en nuestro Excel se han tenido en cuenta la edad límite (ω) de 120 años, aunque a partir de 110 años la probabilidad de fallecimiento es 1 y la de supervivencia es 0. El capital de fallecimiento, *C*, (Columna H) es constante para todo el periodo que aplica el seguro.
- Paso 2: (Columna I). El cálculo de la probabilidad de que una persona de edad x alcance la edad x+*t* ${}_tp_x$, se calcula como el cociente entre el número de personas con vida con edad x+*t*, y el número de personas con vida con edad x,l_x . Matemáticamente queda, ${}_tp_x = \frac{l_{x+t}}{l_x}$.

  Por ejemplo, para el ejemplo comentado, si queremos calcula la probabilidad de que una persona de 60 años llegue con vida los 62 años ($x = 60$ y $t = 2$). Quedaría, matemáticamente: ${}_2p_{60} = \frac{l_{60+2}}{l_{60}}$ en términos del ejemplo en formulación Excel:

  =G7/$G$5
- Paso 3: (Columna J). La probabilidad de que una persona de edad x no alcance la edad $x+1, q_x$, se ha visto en el punto anterior. Por ejemplo, para, $x = 60$, q_{60} queda como sigue:

=1-G7/G6

- Paso 4 (Columna K). Cuando el plazo, *t*, es superior a un año, el tipo de interés juega un papel fundamental en cualquier seguro. Para tener en cuenta el momento temporal del dinero, se debe actualizar cada uno de los futuros capital al momento de valoración utilizando una función de descuento, $v(t)=(1+i)^{-t}$. Por ejemplo, para actualizar un valor en el periodo 3, la función de descuento utilizada es $v(t)=(1+0{,}01)^{-3}=0{,}9706$. En términos de Excel, por ejemplo, la celda **J9** queda:

=(1+$C$6)^-(F9)

- Paso 5 (Columna L). El flujo probable se calcula como el producto entre la probabilidad de llegar con vida a la edad x+*t*, ${}_{t}p_{x}$, la probabilidad de fallecer durante entre la edad *x*+*t* y la edad x+*t*+*1*, q_x, actualizado por el tipo de interés en el momento actual, $v(t)=(1+i)^{-t}$, por el Capital de Fallecimiento, C.
- Paso 6 (Celda L2). Cálculo de la prima pura que debe abonar el asegurado de 60 años para un capital de fallecimiento de 50.000 € y un tipo de interés de mercado del 1%:

$$P = C \cdot A_x = C \cdot \sum_{j=0}^{\omega-x-1} {}_{j}P_x \cdot q_{x+j} \cdot v(j+1)$$

Por simplicidad y comodidad en el Excel se multiplica el capital en cada uno de los j-ésimos periodos. Por lo tanto, la formulación anterior quedaría como sigue:

$$P = \sum_{j=0}^{\omega-x-1} C \cdot {}_{j}P_x \cdot q_{x+j} \cdot v(j+1)$$

Conceptos	Datos
Edad	60
Tipo de interés	1%
Capital	50.000 €

Total	37.948,84

Edad	Periodo	lx	Capital de Fallecimiento	tPx	tqx	Intereses	Flujo
60	0	95.661	50.000 €	1,0000	0,0041	1	202,70
61	1	95.270	50.000 €	0,9959	0,0044	0,9901	215,81
62	2	94.849	50.000 €	0,9915	0,0048	0,9803	229,78
63	3	94.396	50.000 €	0,9868	0,0052	0,9706	244,73
64	4	93.908	50.000 €	0,9817	0,0056	0,9610	260,81
65	5	93.384	50.000 €	0,9762	0,0061	0,9515	278,21
66	6	92.819	50.000 €	0,9703	0,0066	0,9420	297,12
67	7	92.209	50.000 €	0,9639	0,0071	0,9327	317,83
68	8	91.551	50.000 €	0,9570	0,0078	0,9235	340,67
69	9	90.838	50.000 €	0,9496	0,0085	0,9143	366,06
70	10	90.064	50.000 €	0,9415	0,0093	0,9053	394,50
71	11	89.222	50.000 €	0,9327	0,0103	0,8963	426,53
72	12	88.303	50.000 €	0,9231	0,0114	0,8874	462,70
73	13	87.295	50.000 €	0,9125	0,0127	0,8787	503,42
74	14	86.188	50.000 €	0,9010	0,0141	0,8700	548,90
75	15	84.969	50.000 €	0,8882	0,0158	0,8613	599,15
76	16	83.625	50.000 €	0,8742	0,0177	0,8528	654,17
77	17	82.143	50.000 €	0,8587	0,0199	0,8444	714,11
78	18	80.508	50.000 €	0,8416	0,0224	0,8360	779,27
79	19	78.707	50.000 €	0,8228	0,0252	0,8277	849,99
80	20	76.723	50.000 €	0,8020	0,0285	0,8195	926,46
81	21	74.538	50.000 €	0,7792	0,0322	0,8114	1.009,39
82	22	72.135	50.000 €	0,7541	0,0366	0,8034	1.098,18
83	23	69.493	50.000 €	0,7265	0,0417	0,7954	1.191,54
84	24	66.599	50.000 €	0,6962	0,0474	0,7876	1.287,41
85	25	63.440	50.000 €	0,6632	0,0540	0,7798	1.382,92
86	26	60.013	50.000 €	0,6273	0,0615	0,7720	1.474,37
87	27	56.323	50.000 €	0,5888	0,0699	0,7644	1.557,45
88	28	52.386	50.000 €	0,5476	0,0793	0,7568	1.627,32
89	29	48.231	50.000 €	0,5042	0,0898	0,7493	1.678,90

Figura 43. Detalle del cálculo de la Prima Pura para un seguro de Vida Entera. Fuente: Elaboración Propia.

Por lo tanto, el asegurado pagará hoy 37.948,84€ y en el momento de su fallecimiento (con independencia de cuando sea) sus herederos legales perciban 50.000 €.

2.3. RENTAS

En esta parte del capítulo estudiaremos las rentas, vitalicias y temporales. Una renta se puede definir como una sucesión de pagos (por parte de la compañía de seguros) al asegurado (rentista) mientras permanezca con vida. En ese sentido, todas las rentas se basan en la supervivencia del asegurado. A diferencia de los seguros vistos en el punto 2, si se incrementa la supervivencia, la aseguradora ha de pagar la renta durante más tiempo al rentista (asegurado) lo que se denomina técnicamente como riesgo de longevidad.

Las rentas pueden ser:

- Vitalicias o perpetua: Vigente durante toda la vida del asegurado hasta su fallecimiento.
- Temporales: Su duración se encuentra limitada durante un determinado periodo de tiempo.
- Diferidas: Cuando el primer vencimiento se produce trascurridos varios periodos de tiempo.

Durante el capítulo trataremos las rentas vitalicias y temporales, incluyendo un nuevo tipo de producto vigente desde inicios de siglo que son las rentas vitalicias con contreseguro donde combina una prestación en caso de fallecimiento. Dejaremos las rentas diferidas como desafío para el alumnado en algunos ejercicios prácticos propuestos.

Antes de iniciar el estudio de las rentas, es necesario modificar la tabla de mortalidad utilizada. Hasta el momento, se han utilizado tablas de mortalidad para seguros de fallecimiento (construida por productos de riesgo), donde la probabilidad de fallecer está "recargada" por el legislador oficial. A partir de ahora es necesario utilizar tablas de mortalidad para productos de supervivencia (construida por productos principalmente de rentas) donde la probabilidad de fallecer está "infraestimada" (o sobreestimada la probabilidad de supervivencia) por el legislador oficial.

Llega más lejos. Casuística en España

La publicación definitiva de las nuevas tablas biométricas se realizó mediante *Resolución de 17 de diciembre de 2020, de la Dirección General de Seguros y Fondos de Pensiones, relativa a las tablas de mortalidad y supervivencia a utilizar por las entidades aseguradoras y reaseguradoras, y por la que se aprueba la guía técnica relativa a los criterios de supervisión en relación con las tablas biométricas, y sobre determinadas recomendaciones para fomentar la elaboración de estadísticas biométricas sectoriales.* El objeto de la resolución es doble: por un lado, la aprobación de las nuevas tablas biométricas a aplicar en el sector asegurador, así como la declaración de la no admisibilidad de las tablas biométricas empleadas hasta el momento (GRM/F95, PERM/F2000, GKM/F95 y PASEM2010); por otro lado, la aprobación de la guía técnica de los criterios de supervisión de las tablas aplicadas por las entidades aseguradoras y reaseguradoras.

De este modo, las tablas de supervivencia GRM/F95 y PERM/F2000 son sustituidas por las tablas PERM/F2020 (utilizada durante todo el punto 2 de este Tema 2), cuyo año central base es el año natural 2012; mientras que las tablas de mortalidad GKM/F95 y PASEM2010 son sustituidas por las nuevas tablas PASEM2020, con año central base en el año natural 2019. Para este ejercicio las tablas de mortalidad aplicadas son las PER2020 que pueden ser distintas para productos de colectivos y productos individuales:

- Colectivos: Tablas PER2020 Colectivas de Segundo Orden.
- Individuales: Tablas PER2020 Individuales de Segundo Orden.

En este temario utilizaremos las tablas individuales.

El modelo que genera dichas tablas se delimita a continuación:

$$q(x+t;A) = q(x+t;tabla\ base) \cdot e^{[-\lambda \cdot t]}$$

Dada una persona asegurada que ha cumplido x años en el ejercicio 2012 (nacida por tanto en el año $A = 2012 - x$). Donde q(x+t; tabla base) es el tanto anual de mortalidad consignado en la tabla base para el año de nacimiento igual a 2012–($x+t$), siendo $\lambda + t$ el factor de mejora de la supervivencia reflejado para el citado año, y pudiendo aproximarse el número e con el valor 2,718281828.

Todo el desarrollo en términos de Excel se puede encontrar en la hoja denominada "Tablas de mortalidad Genera.".

Nótese que se trata de una peculiaridad de España, el alumnado utilizará las tablas finales resultantes como input en sus cálculos, con independencia de la formulación matemática indicada en este sub-punto.

2.3.1. Renta Vitalicia

Este producto clásico en cualquier mercado con alta profundidad aseguradora consiste en un producto de ahorro de rentas puras, a través del cual el asegurado tiene derecho, previo pago de una prima única, a percibir, hasta que se produzca el fallecimiento, una renta vitalicia pagadera en función de la periodicidad estipulada en la póliza (mensual, trimestral, semestral o anual siempre y cuando vivda). Para simplificar el estudio, se ha realizado con periodicidad anual.

Al ser un seguro cuya cobertura principal es la supervivencia, el asegurado tendrá derecho a percibir una renta pagadera en función de la periodicidad estipulada en la póliza (mensual, trimestral, semestral o anual). Por tanto, para el cálculo del flujo probable por supervivencia será necesario tener en cuenta la probabilidad de que la entidad haga frente al pago de esta renta, que no es más que la probabilidad de supervivencia del asegurado en cada uno de los periodos en los que exista la obligación de satisfacer dicha renta.

El importe de la renta vitalicia a satisfacer por el asegurador se calcula como el cociente del capital asegurado y el valor actual actuarial de una renta vitalicia unitaria.

$$R = \frac{\text{Prima Única}}{a_x}$$

Por ejemplo, para una aportación de Prima Única, *P*, de 150.000 € de un hombre[14] de 60 años nacido en 1962. Si se aplica un tipo de interés del 2%, el cálculo de la renta anual a percibir por el asegurado sigue los siguientes pasos:

- Paso 1: (Columnas E, F, G, H e I). Son columnas básicas que sirven de apoyo para el resto de las columnas, similares a las obtenidas en los productos de seguros. La única excepción la encontramos en la l_x que parte de las tablas de supervivencia en función del género elegido. Se ha empleada la siguiente función para esta variable:

  =BUSCARV(E6;'Tablas de mortalidad Genera.'!$J$5:$O$125;SI('Figura 6- Renta vitalicia'!$C$10="Hombre";4;6);0)

- Paso 2: (columna J). Se trata de una variable que puede tomar valores de 0 (si no hay pago de renta por la compañía de seguros o 1 (si hay pago de renta por la compañía de seguros). Para este caso, al ser vitalicia, todos los valores de la columna son 1.

- Paso 3: (Columna K). Se trata del valor actual actuarial de una renta vitalicia unitaria. La formulación matemática empleada para su cálculo es la que se muestra a continuación:

$$\begin{aligned} a_x &= {}_1P_x \cdot v(1) + {}_1P_x \cdot v(2) + \cdots + {}_{\omega-x-1}P_x \cdot v(\omega - x - 1) \\ &= {}_1P_x \cdot (1+0{,}02)^{-1} + {}_1P_x \cdot (1+0{,}02)^{-2} + \cdots + {}_{\omega-x-1}P_x \cdot (1+0{,}02)^{-\omega-x-1} \end{aligned}$$

---

14 La sentencia Test-Achats (reglamento de la UE) establece que el género no puede utilizarse como variable para discriminar las primas y prestaciones. Durante todos los ejercicios se han empleado el género masculino, aunque en el Excel se dispone de la posibilidad de obtener los resultados para el género femenino a través de una función condicional con "SI".

Paso 4: (celda K3). La suma anterior:

$$a_x = \sum_{j=1}^{\omega - x - 1} {}_{j}P_x \cdot v(j)$$

Paso 5: (Celda K2). El cálculo de la renta anual periódica es la siguiente:

$$\mathrm{R} = \frac{\text{Prima Única}}{\mathrm{a}_x}$$

Renta Anual	6.389,37 €
	23,48

Conceptos	Datos
Edad	60
Tipo de interés	2%
Prima Única	150.000 €
Fecha de nacimient	1962
Sexo	Hombre

Edad	Periodo	lx	tpx	Intereses	Renta	Flujo
60	0	95.069	1,0000	1		
61	1	94.864	0,9978	0,9804	1	0,98
62	2	94.663	0,9957	0,9612	1	0,96
63	3	94.427	0,9932	0,9423	1	0,94
64	4	94.160	0,9904	0,9238	1	0,92
65	5	93.866	0,9873	0,9057	1	0,89
66	6	93.551	0,9840	0,8880	1	0,87
67	7	93.223	0,9806	0,8706	1	0,85
68	8	92.884	0,9770	0,8535	1	0,83
69	9	92.532	0,9733	0,8368	1	0,81
70	10	92.165	0,9694	0,8203	1	0,80
71	11	91.780	0,9654	0,8043	1	0,78
72	12	91.375	0,9611	0,7885	1	0,76
73	13	90.948	0,9567	0,7730	1	0,74
74	14	90.493	0,9519	0,7579	1	0,72
75	15	90.001	0,9467	0,7430	1	0,70
76	16	89.466	0,9411	0,7284	1	0,69
77	17	88.877	0,9349	0,7142	1	0,67
78	18	88.221	0,9280	0,7002	1	0,65
79	19	87.484	0,9202	0,6864	1	0,63
80	20	86.651	0,9115	0,6730	1	0,61
81	21	85.706	0,9015	0,6598	1	0,59
82	22	84.625	0,8901	0,6468	1	0,58
83	23	83.382	0,8771	0,6342	1	0,56
84	24	81.952	0,8620	0,6217	1	0,54
85	25	80.301	0,8447	0,6095	1	0,51
86	26	78.406	0,8247	0,5976	1	0,49
87	27	76.194	0,8015	0,5859	1	0,47
88	28	73.647	0,7747	0,5744	1	0,44
89	29	70.745	0,7441	0,5631	1	0,42

Figura 44. Detalle del cálculo de una renta vitualia pura. Fuente: Elaboración Propia.

2.3.2. Renta Temporal

Una renta de seguros de vida temporal tiene una analogía a una renta de seguros vitalicia vista con detalle en el anterior punto (2.3.1.). En este caso, el individuo percibirá una renta los primeros *n* periodos de tiempo, a diferencia de una renta vitalicia hasta el año ω.

Para detallar en términos de Microsoft Excel cómo se obtiene la renta periódica temporal a percibir, es necesario introducir nueva notación. Así, $a_{x:n}$ representa el valor actual actuarial de una renta unitaria temporal para un individuo de edad x durante n periodos de tiempo. Transcurridos los n periodos el asegurado dejará de percibir la renta correspondiente. En línea con la renta vitalicia, si el asegurado fallece, por ejemplo, al año de inicio el seguro, con edad de x+*1* y n es mayor que 1 (lo que en términos prácticos es bastante habitual), el seguro dejará de estar vigente y los herederos legales no percibirán ninguna renta.

Por ejemplo (ver Figura 45), se desea valorar una aportación de Prima Única, *P*, de 150.000 € de un hombre de 60 años nacido en 1962. Si se aplica un tipo de interés del 2%, el cálculo de la renta anual temporal a percibir por el asegurado durante los siguientes 10 años sigue los siguientes pasos:

- Paso 1: (Columnas E, F, G, H e I). Son columnas básicas que sirven de apoyo para el resto de las columnas, similares a las obtenidas en los productos de rentas vitalicias.
- Paso 2: (columna J). Se trata de una variable que puede tomar valores de 0 (si no hay pago de renta por la compañía de seguros o 1 (si hay pago de renta por la compañía de seguros). Dado que se trata de una renta temporal. Este valor será 1 para los primeros n=10 años. Se catalogará como 0 para el resto de los periodos. Todo ello con la ayuda de una función condicional de *SI* con la siguiente estructura para, por ejemplo, la celda J7.

  =SI(E7>($C$6+$C$11);0;1)
- Paso 3: (Columna K). Se trata del valor actual actuarial de una renta temporal unitaria durante los primeros n periodos. La formulación matemática empleada para su cálculo es la que se muestra a continuación:

$$\begin{aligned} a_{\mathrm{x:n}} &= {}_{1}P_x \cdot v(1) + {}_{1}P_x \cdot v(2) + \cdots + {}_{\omega-x-1}P_x \cdot v(\omega - x - 1) \\ &= {}_{1}P_x \cdot (1+0{,}02)^{-1} + {}_{1}P_x \cdot (1+0{,}02)^{-2} + \cdots + {}_{n}P_x \cdot (1+0{,}02)^{-n} \end{aligned}$$

- Paso 4: (celda K3). La suma anterior:

$$a_{\mathrm{x:n}} = \sum_{j=1}^{n} {}_{j}P_x \cdot v(j)$$

- Paso 5: (Celda K2). El cálculo de la renta anual periódica es la siguiente:

$$R = \frac{\text{Prima Única}}{a_{x:n}}$$

Renta Anual	16.946,15 €
	8,85

Conceptos	Datos
Edad	60
Tipo de interés	2%
Prima Única	150.000 €
Fecha de nacimient	1962
Sexo	Hombre
n	10

Edad	Periodo	lx	tpx	Intereses	Renta	Flujo
60	0	95.069	1,0000	1		
61	1	94.864	0,9978	0,9804	1	0,98
62	2	94.663	0,9957	0,9612	1	0,96
63	3	94.427	0,9932	0,9423	1	0,94
64	4	94.160	0,9904	0,9238	1	0,92
65	5	93.865	0,9873	0,9057	1	0,89
66	6	93.551	0,9840	0,8880	1	0,87
67	7	93.223	0,9806	0,8706	1	0,85
68	8	92.884	0,9770	0,8535	1	0,83
69	9	92.532	0,9733	0,8368	1	0,81
70	10	92.165	0,9694	0,8203	1	0,80
71	11	91.780	0,9654	0,8043	0	0,00
72	12	91.375	0,9611	0,7885	0	0,00
73	13	90.948	0,9567	0,7730	0	0,00
74	14	90.493	0,9519	0,7579	0	0,00
75	15	90.001	0,9467	0,7430	0	0,00
76	16	89.466	0,9411	0,7284	0	0,00
77	17	88.877	0,9349	0,7142	0	0,00
78	18	88.221	0,9280	0,7002	0	0,00
79	19	87.484	0,9202	0,6864	0	0,00
80	20	86.651	0,9115	0,6730	0	0,00
81	21	85.706	0,9015	0,6598	0	0,00
82	22	84.625	0,8901	0,6468	0	0,00
83	23	83.382	0,8771	0,6342	0	0,00
84	24	81.952	0,8620	0,6217	0	0,00

Figura 45. Detalle del cálculo de una renta temporal.

En resumen, tras es el pago de una Prima única de 150.000 €, el asegurado percibirá anualmente 16.946,15 € durante los próximos 10 años. Si fallece antes de 10 años sus herederos legales no percibirán ninguna cantidad de dinero y si llega con vida a los 10 años, dejará de percibir la renta temporal anual.

2.3.3. Renta con Contraseguro

Aproximadamente, desde la crisis financiera de los años 2008-2011, se observa un continuo descenso en los tipos de interés de los distintos productos financieros. Una política monetaria expansiva por los distintos bancos centrales ha proporcionado cantidades disponibles elevadas para gobiernos, empresas y familias. Con este escenario, las rentas presentadas anteriormente han perdido un poco de atractivo técnico y comercial y, por lo tanto, nuevas tipologías de rentas han nacido para atender a la continuada demanda de los ahorradores.

El producto de **Rentas con Contraseguro** es uno de los productos que han cogido especial fuerza en los últimos años. A cambio de una prima única, P, el cliente percibirá una renta vitalicia, mientras viva, y sus beneficiarios percibirán el 100%[15] de prima única cuando fallezca el asegurado. Es decir, este tipo de seguros mezcla, a su vez, dos productos claramente diferenciados:

- Producto de seguros (de riesgo): Producto de Vida entera. En caso de fallecimiento, los herederos legales percibirán el 100% prima única inicialmente abonada por el asegurado.
- Producto de rentas (de ahorro): Producto rentas vitalicias. Mientras viva el asegurado (supervivencia), percibirá periódicamente una renta vitalicia hasta el momento del fallecimiento.

Técnicamente, y diferenciando las distintas primas de cada producto, los pasos para la valoración del producto son los siguientes:

- Paso 1: Se valora la prima de un producto de vida entera (ver punto 2.4., Tema 2) $P^{vida-entera} = C \cdot A_x$. Se trata de la prestación en caso de fallecimiento del asegurado.
- Paso 2: A la prima única abonada, P , se deduce el coste del producto de seguros de vida entera (Paso 1). Así, $P - P^{vida-entera} = P^{renta-vitalicia}$.
- Paso 3: Importe de la renta vitalicia. A la cantidad resultante del paso anterior, $P^{renta-vitalicia}$, se calcula el valor de una renta vitalicia (ver punto 2.3.1) a percibir por el asegurado mientras viva (prestación de supervivencia). Esta renta vitalicia se calcula atendiendo a la siguiente formulación:

$$\text{Renta vitalicia} = \frac{(P - P^{vida-entera})}{a_x}$$

El valor actual de la renta vitalicia pura se calcula sustrayendo del capital asegurado el coste del seguro de vida entera calculado y dividiendo dicho valor entre el valor actual actuarial de una renta unitaria vitalicia. A continuación, se calcula el valor actual actuarial de una renta unitaria (ver punto 2.3.1):

$$a_x = \sum_{j=1}^{\omega-x-1} {}_jP_x \cdot v(j)$$

Donde representa el valor actual actuarial de una renta unitaria vitalicia inmediata pospagable para un individuo de edad *x*, y *tPx* representa la

---

[15] Otro tipo de productos permiten percibir a los herederos legales el 90%, 80%, 70% o 60% de la prima aportada.

probabilidad de supervivencia de un individuo de edad x durante $\omega - x - 1$ periodos.

Por ejemplo (ver Figura 46), un asegurado (hombre) de 60 años nacido en 1962 contrata una renta con contraseguro del 100%, de 150.000 €. Si se aplica un tipo de interés del 2%, el cálculo el valor del seguro de vida entera y el valor de la renta anual periódica a percibir mientras viva (supervivencia) el asegurado:

En términos de estructura de valoración con Microsoft Excel, cada uno de los pasos anteriores tienen el siguiente procedimiento:

- Paso 1: (Columnas E, F y G). Son columnas básicas que sirven de apoyo para el resto de las columnas, similares a las obtenidas en los productos de rentas vitalicias.
- Paso 2: (Columna H). Capital a percibir en caso de fallecimiento. Se trata de la parte de seguro de vida entera.
- Paso 3: (Columna I). El cálculo de la probabilidad de que una persona de edad x alcance la edad x+*t*, ${}_tp_x$ se calcula como el cociente entre el número de personas con vida con edad x+*t*, l_{x+t} y el número de personas con vida con edad *x*, l_x. Matemáticamnte, ${}_tp_x = \frac{l_{x+t}}{l_x}$.Quedaría, matemáticamente: ${}_2p_{60} = \frac{l_{60+2}}{l_{60}}$ y en términos del ejemplo en formulación Microsfot Excel:

  =G8/$G$6

- Paso 4: (Columna J). La probabilidad de que una persona de edad x no alcance la edad x+*1*,q_x, se ha visto en el punto anterior. Por ejemplo, para, $x = 60$, q_{60} queda como sigue:

  =1-G7/G6

- Paso 5 (Columna K). Para tener en cuenta el momento temporal del dinero, se debe actualizar cada uno de los futuros capital al momento de valoración utilizando una función de descuento $v(t) = (1 + i)^{-t}$. En términos de Excel, por ejemplo, la celda K9 queda:

  =(1+$C$7)^-(F9)

- Paso 6 (Columna L). Se trata de una variable que puede tomar valores de 0 (si no hay pago de renta por la compañía de seguros o 1 (si hay pago de renta por la compañía de seguros). Para este caso, al ser vitalicia, todos los valores de la columna son 1.

- Paso 7 (Columna M y celda M3). Cálculo de la prima pura que debe abonar el asegurado de 60 años para un capital de fallecimiento de 150.000 € y un tipo de interés de mercado del 2%:

$$P^{vida-entera} = C \cdot A_x = C \cdot \sum_{j=0}^{\omega-x-1} {}_{j}P_x \cdot q_{x+j} \cdot v(j+1)$$

- Por simplicidad y comodidad en el Excel se multiplica el capital en cada uno de los j-ésimos periodos. Por lo tanto, la formulación anterior quedaría como sigue:

$$P^{vida-entera} = \sum_{j=0}^{\omega-x-1} C \cdot {}_{j}P_x \cdot q_{x+j} \cdot v(j+1)$$

- Paso 8: (Columna N). Se trata del valor actual actuarial de una renta temporal unitaria para toda la vigencia del seguro de rentas. La formulación matemática empleada para su cálculo es la que se muestra a continuación:

$$\begin{aligned} a_x &= {}_{1}P_x \cdot v(1) + {}_{1}P_x \cdot v(2) + \cdots + {}_{\omega-x-1}P_x \cdot v(\omega - x - 1) \\ &= {}_{1}P_x \cdot (1+0{,}02)^{-1} + {}_{1}P_x \cdot (1+0{,}02)^{-2} + \cdots + {}_{\omega-x-1}P_x \cdot (1+0{,}02)^{-\omega-x-1} \end{aligned}$$

- Paso 9: (celda N3). La suma anterior:

$$a_x = \sum_{j=1}^{\omega-x-1} {}_{j}P_x \cdot v(j)$$

- Paso 10: (celda N2). El cálculo de la renta anual periódica mientras viva (prestación de supervivencia) se obtiene de restar el valor de la prima única pagada por el asegurado, (enunciado) menos el valor de la prima única de un seguro de vida entera, (paso 7) dividido por el valor actual actuarial de una renta unitaria, (paso 9). Matemáticamente queda como sigue:

$$\text{Renta vitalicia} = \frac{(P - P^{vida-entera})}{a_x}$$

En nuestro ejemplo de Microsoft Excel queda:

$$\text{Renta vitalicia} = \frac{(150.000 - 78.010{,}32)}{24{,}00}$$

Renta Anual	3.066,46 €
78.010,32 €	23,48

Conceptos	Datos
Edad	60
Tipo de interés	2%
Prima Única	150.000 €
Fecha de nacimientc	1962
Sexo	Hombre

Edad	Periodo	lx	Capital	tpx	qx	Intereses	Renta	Flujo Fallecimiento	Flujo Supervivencia
60	0	95.069	150.000 €	100,00%	0,22%	1			
61	1	94.864	150.000 €	99,78%	0,21%	0,9804	1	317,20 €	0,98
62	2	94.663	150.000 €	99,57%	0,25%	0,9612	1	306,02 €	0,96
63	3	94.427	150.000 €	99,32%	0,28%	0,9423	1	349,98 €	0,94
64	4	94.160	150.000 €	99,04%	0,31%	0,9238	1	389,55 €	0,92
65	5	93.865	150.000 €	98,73%	0,33%	0,9057	1	421,01 €	0,89
66	6	93.551	150.000 €	98,40%	0,35%	0,8880	1	440,05 €	0,87
67	7	93.223	150.000 €	98,06%	0,36%	0,8706	1	450,92 €	0,85
68	8	92.884	150.000 €	97,70%	0,38%	0,8535	1	456,65 €	0,83
69	9	92.532	150.000 €	97,33%	0,40%	0,8368	1	465,09 €	0,81
70	10	92.165	150.000 €	96,94%	0,42%	0,8203	1	474,87 €	0,80
71	11	91.780	150.000 €	96,54%	0,44%	0,8043	1	488,15 €	0,78
72	12	91.375	150.000 €	96,11%	0,47%	0,7885	1	503,43 €	0,76
73	13	90.948	150.000 €	95,67%	0,50%	0,7730	1	520,99 €	0,74
74	14	90.493	150.000 €	95,19%	0,54%	0,7579	1	544,64 €	0,72
75	15	90.001	150.000 €	94,67%	0,59%	0,7430	1	576,48 €	0,70
76	16	89.466	150.000 €	94,11%	0,66%	0,7284	1	615,21 €	0,69
77	17	88.877	150.000 €	93,49%	0,74%	0,7142	1	663,77 €	0,67
78	18	88.221	150.000 €	92,80%	0,83%	0,7002	1	724,28 €	0,65

Figura 46. Detalle del cálculo de una renta con contraseguro.

Por lo tanto, tras el pago de una prima única de 150.000 €, el asegurado percibe una renta vitalicia anual de 3.000 € mientras vive y en el momento de fallecimiento los herederos legales percibirán el importe de la prima única, 150.000 €.

2.4. EJERCICIOS TEMA 2

Ejercicio 1. Calcula la Prima única a pagar por un asegurado que tiene 50 años y desea contratar un seguro de 15 años con un capital de 200.000 € creciente en progresión geométrica un 5%. Por ejemplo, para el primer año el capital será de 200.000 €. Para el siguiente año el capital será de 200.000 · (1+0,05)^1, para el siguiente año será de 200.000 · (1+0,05)^2 y así sucesivamente.

Ejercicio 2. Un asegurado acaba de contratar un préstamo hipotecario con una entidad financiera. Nos pide calcular la prima nivelada de un seguro temporal de fallecimiento. La casuística de este seguro es que el capital de fallecimiento es decreciente y sigue el capital pendiente (salvo vivo) de un préstamo francés a tipo fijo. En el fichero "Tema 2. Ejercicios.

xlsx[16]" tienes el capital pendiente o salvo vivo de un préstamo de 300.000 € pagadero anualmente durante los próximos 30 años. Calcula la prima nivelada que tendrá que pagar el asegurado en cada uno de los próximos 30 años para cubrir dicho capital.

Ejercicio 3. Calcula la renta anual a percibir por un asegurado de 50 años (generación de 1960) que aporta 1.000.000 € y la aseguradora le ofrece un tipo de interés del 2%. Si le ofrece el 4% podría decirse que la renta a percibir es del doble? Realiza los cálculos con Microsoft Excel y razona la respuesta. Las tablas de mortalidad las puedes encontrar en el fichero "Tema 2. Ejercicios.xlsx[16]", hoja "Tablas de mortalidad Genera.".

Ejercicio 4. Calcula la renta anual vitalicia a percibir por un asegurado de 60 años (generación de 1955) que aporta una prima única de 500.000 € y la aseguradora le ofrece un tipo de interés del 0,5% por una renta con contraseguro del capital de fallecimiento del 70%, es decir, de 350.000 € (500.000 · 0,70). Realiza los cálculos con Microsoft Excel y razona la respuesta. Las tablas de mortalidad las puedes encontrar en el fichero "Tema 2. Ejercicios.xlsx[16]", hoja "Tablas de mortalidad Genera."

---

16 https://data.mendeley.com/datasets/gg9vykbvgn/1
Lledó, Josep (2023), "book files "Metodologías de cálculo actuarial a través de excel"", Mendeley Data, V1, doi: 10.17632/gg9vykbvgn.1

Tema 3

Excel aplicado al cálculo de reservas en los seguros de vida

3.1. INTRODUCCIÓN

En el sector asegurador el estudio de las reservas o provisiones técnicas constituye una parte fundamental del negocio. Las provisiones técnicas se definen como la cantidad de dinero contabilizado en el pasivo contable para hacer frente a las obligaciones, en forma de prestaciones, contraídas con los asegurados. Fundamentalmente, el departamento contable y el departamento técnico actuarial son los responsables directos de esta partida, aunque algunos otros departamentos, por ejemplo, Risk Management, suelen utilizar directamente los datos.

Desde el punto de vista de los seguros de vida, las principales prestaciones se materializan cuando se materializa el fallecimiento o invalidez del asegurado. En el primero de los casos (fallecimiento) los beneficiarios de la prestación económica son los beneficiarios legales designados en la suscripción de la póliza mientras que en el segundo de los casos (invalidez) son los propios asegurados los que reciben la prestación económica.

Las provisiones técnicas están reguladas por los agentes reguladores y pueden ser a nivel local (de cada país) como a nivel internacional.

A nivel local, en el caso español, las provisiones técnicas vienen definidas en la Dirección General de Seguros y Fondos de Pensiones (en adelante, DGS) a través del reglamento Real Decreto 1060/2015, de 20 de noviembre, de ordenación, supervisión y solvencia de las entidades aseguradoras y reaseguradoras (ROSSEAR) y en la Ley 20/2015, de 14 de julio, de ordenación, supervisión y solvencia de las entidades aseguradoras y reaseguradoras (LOSSEAR).

A nivel internacional, las provisiones técnicas son reguladas por la European Insurance and Occupational Pensions Authority (EIOPA) en lo que se denomina la normativa de Solvencia I. Implantada a partir del 1 de enero de 2016 y que veremos detenidamente durante todo el Tema 5 de este curso. Aunque pueda parecer que esta normativa solo es aplicable a países europeos, en los últimos años países latinoamericanos están adoptando este enfoque y realizando las primeras aproximaciones. Lógicamente, si la sede central está en algún país miembro de la zona europea y una filial está localizada fuera de Europa, la filial deberá realizar los cálculos también con la normativa europea.

Con todo este escenario se presente este tema. En el punto 2 se analizarán las provisiones técnicas desde un punto de vista local, aunque con extrapolación a cualquier país dado que la notación empleada es propia de asignaturas avanzadas de matemática actuarial. Más concretamente se estudiarán las provisiones técnicas para los seguros de vida riesgo. El punto 3 se estudiarán las provisiones técnicas de los productos de seguros de vida ahorro. Durante todo el curso, toda la formulación y cálculos se realizarán con la herramienta de Microsoft Office.

3.2. CÁLCULO DE PROVISIONES TÉCNICAS

Las provisiones técnicas se definen como la diferencia entre la cantidad de dinero abonada por el cliente (asegurado) en concepto de prima y el riesgo realmente asumido por la compañía de seguros. Cuando el cliente paga una cantidad superior al riesgo asumido ésta diferencia es positiva.

La normativa local (no ocurre lo mismo con Solvencia II) no establece provisiones técnicas negativas. Por ejemplo, si el cliente contrata un seguro de prima única de 10 años, el pago lo ha realizado para toda la vida del producto (10 años). Cuando finaliza el año, el cliente ha consumido un año (en términos de riesgo) mientras que la aseguradora deberá *guardar* en términos de provisiones técnicas el riesgo de los siguientes 9 años. Así, para cada asegurado de manera individualizada y para cada cierre contable, es decir, para cada mes y con especial énfasis en los cierres trimestrales (marzo, junio, septiembre y diciembre).

El cálculo de provisiones técnicas lo vamos a dividir, como así lo hace la normativa local, entre la provisión para primas no consumidas (PPNC) y la provisión matemática (PM).

3.2.1. Provisión para primas no consumidas

La provisión para primas no consumidas (en adelante, PPNC) corresponde con la parte de la prima que aún no se ha consumido. Este tipo de provisión la generan todos los productos catalogados como temporal anual renovable, tanto en vida (como, por ejemplo, el seguro de fallecimiento) como en los productos de no vida (por ejemplo, el seguro del automóvil o de hogar).

La provisión se calcula como sigue:

$$PPNC = Prima \cdot \frac{365 - t}{365}$$

Para el año no bisiesto y:

$$PPNC = Prima \cdot \frac{366 - t}{366}$$

Para el año bisiesto. Siendo el número de días entre la fecha de la última renovación y la fecha de valoración.

Por ejemplo, si se dispone de 20 asegurados de un producto que cubre el seguro de fallecimiento, con fecha de última renovación (columna F) y prima pagada (columna G), ver Figura 39, calculamos la PPNC.

Fecha de valoración	31/12/2022

Total: **3.656,03 €**

Asegurado	Fecha Última renovación	Prima Pagada	t	PPNC
1	17/07/2022	454 €	167	246,28 €
2	03/05/2022	484 €	242	163,10 €
3	12/09/2022	400 €	110	279,45 €
4	08/09/2022	424 €	114	291,57 €
5	14/01/2022	377 €	351	14,46 €
6	03/04/2022	360 €	272	91,73 €
7	09/09/2022	363 €	113	250,62 €
8	07/01/2022	279 €	358	5,35 €
9	03/02/2022	256 €	331	23,85 €
10	22/05/2022	261 €	223	101,54 €
11	02/11/2022	456 €	59	382,29 €
12	01/01/2022	254 €	364	0,70 €
13	10/12/2022	268 €	21	252,58 €
14	26/12/2022	275 €	5	271,23 €
15	08/12/2022	493 €	23	461,93 €
16	04/02/2022	372 €	330	35,67 €
17	20/12/2022	466 €	11	451,96 €
18	25/04/2022	200 €	250	63,01 €
19	01/07/2022	424 €	183	211,42 €
20	13/04/2022	203 €	262	57,28 €

Figura 47. Cálculo para la Provisión de Primas no Consumidas (PPNC). Fuente: Elaboración propia.

Los valores se calculan como sigue:

- Paso 1. (Columna H) Cálculo de que mide el tiempo (en días) que ha trascurrido desde la última renovación hasta la fecha de valoración (31/12/2022). Por ejemplo, para el primer asegurado se calcula como:

  =($C$4-F5)

  Nótese que la fecha de valoración es (i) posterior a la fecha de última renovación y constante para todos los asegurados (por eso se fija la celda con el símbolo $).

- Paso 2: (Columna I). Cálculo de la Provisión para primas no consumidas de manera individual. Siguiendo la fórmula planteada anteriormente, queda como sigue:

  =G5*(365-H5)/365

- Paso 3: (Celda I2). Suma de todos los valores individuales de la PPNC que figura en la columna I (Paso 2).

Conclusión: Para estos 20 asegurados la PPNC que la compañía aseguradora ha de dotar en el pasivo actuarial es de 3.656,03 €.

3.3. PROVISIÓN MATEMÁTICA EN LOS SEGUROS DE RIESGO

La reserva matemática representa la cuantía económica más elevada del pasivo de una compañía de seguros de vida. Recoge las obligaciones que tiene la compañía de seguros sobre los asegurados para productos cuya cobertura es superior a un año.

En ese sentido, tengamos en cuenta una operación de seguro de vida para un asegurado cuyas primas discretas se han calculado siguiente el principio de equivalencia financiera vistos en el Tema 2. Pasados h años desde la formalización del contrato el asegurado permanece con vida y la compañía de seguros ha de *guardar* (dotar) contablemente una cantidad de dinero ya que el asegurado sigue formando parte de la compañía de seguros y es posible que tengamos obligaciones futuras con dicho asegurado.

Para simplificar el principio que rige todo cálculo de provisión matemática, definimos como $\{F_1, F_2, \ldots, F_{\omega-x}\}$como los posibles flujos de pago futuros (obligaciones de la aseguradora) y como $P = \{P_1, P_2, \ldots, P_{\omega-x}\}$ como los futuros pagos de primas (obligaciones del asegurado) vistos en el Tema 2, a través de una línea temporal medida en años (ver Figuras 40 y 41).

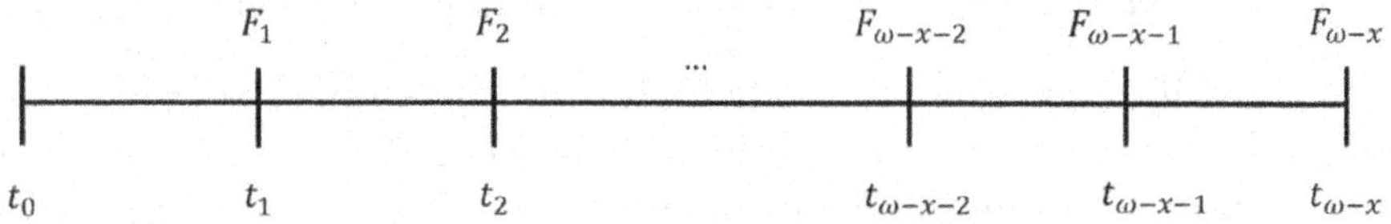

Figura 48. Esquema temporal de los flujos de caja de pago (por parte del asegurador) de las prestaciones. Fuente: Elaboración propia.

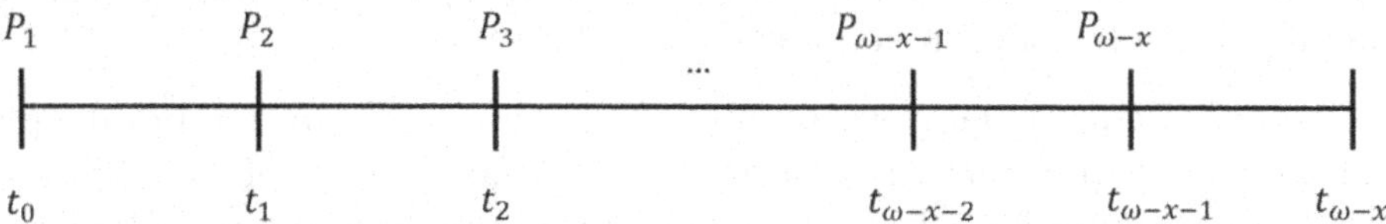

Figura 49. Esquema temporal de los flujos de caja de pago de las primas (por parte del asegurado) de las primas. Fuente: Elaboración propia.

Las prestaciones (Figura 48) se pagan cuando se realiza el hecho causante (por ejemplo, el fallecimiento del asegurado). En este caso se asume que es pospagable, es decir, al final del primer periodo.

Por otro lado, las primas (Figura 49) se materializan en el inicio del contrato de seguros. Sin el pago inicial de la prima no se formaliza el contrato. En este caso se asume que es prepagable, es decir, al inicio del periodo.

El flujo de prestaciones finaliza en el último periodo (ver Figura 48) mientras que el final de las primas finaliza un periodo de tiempo antes (ver Figura 49).

Por definición, el cálculo de la provisión matemática es el valor actual actuarial de las obligaciones (salidas de dinero) menos el valor actual actuarial de las primas (entradas de dinero). Por ejemplo, si se desea calcular el valor de la reserva matemática pasados *h* años la formulación matemática para su cálculo será el siguiente:

$$PM_h = F - P = \sum_{j=0}^{\omega-x-h} {}_{j}p_{x+h} \cdot q_{x+j+h} \cdot v(j+1) \cdot F_{h+j} - \sum_{j=0}^{\omega-x-h-1} {}_{j}p_{x+h} \cdot v(j+1) \cdot P_{h+j}$$

Esta fórmula nos acompañará durante toda la parte de la provisión matemática bajo normativa local y se modificará dependiendo del tipo de producto que de desea valorar.

3.3.1. Provisión Matemática en el seguro Temporal a prima única

La provisión matemática, de cualquier tipo de seguro, se valora en un momento temporal concreto, posterior a la fecha de inicio. En este caso, tenemos un seguro temporal a prima única. El cálculo de la prima de este tipo de seguros se puede consultar en el punto 2.2.

Para no sobrecargar el temario, y dado que parte de los puntos ya son familiares para el lector, se explican solo aquellos puntos novedosos para el cálculo de la provisión matemática.

Para el cálculo de la provisión matemática en un seguro temporal a prima única, hay que calcular el valor actual actuarial de las obligaciones. El valor actual actuarial de las primas es 0 puesto que han sido pagadas todas ellas en el momento de la familiarización del producto (contrato) y la valoración se realizada pasados *h* periodos posteriores.

Por ejemplo (ver Figura 50), una persona de 60 desea que sus beneficiarios, en caso de fallecimiento durante los próximos 10 años (n=10), es decir, que le cubra hasta los 70 años, perciban 150.000 €. Suponiendo un tipo de interés técnico del 1%, el cálculo de la prima única (pura) que debe abonar el asegurado es de 8.261,15 € (ver punto 2.2). Si se transcurre un año (h=1), a los 61 años de edad, desde el inicio del seguro (fecha de efecto), el desarrollo para el cálculo de la provisión matemática se calcula utilizando los siguientes pasos:

- Paso 1: (Columna K). Indica los periodos en los que el asegurado está cubierto por la póliza de seguros. En este caso, hasta los 69 años de edad. Cuando tenga cobertura se le asignará un 1 mientras que si no tiene cobertura se tendrá que asignar un 0. Para ello, partimos de una función condicional "SI". Para el primer periodo (celda K6) emplearemos la siguiente notación:

  =SI(($C$8-$C$7)<=F6;0;1)

- Paso 2: (Columna M). La columna M mide las obligaciones futuras (Flujos esperados o Flujos), ver Figura 47, con el asegurado. Como vemos, la ${}_{t}p_{x}$ (columna H) sigue siendo 1 en el periodo 0 (aunque con 61 años) puesto que se asume que si hay que calcular la provisión matemática de este asegurado es porque no ha fallecido entre los 60 y 61 años. En caso de fallecer ya no estaría asegurado con la compañía aseguradora y por lo tanto no tendríamos obligación de calcular la provisión matemática. El resto de las ${}_{t}p_{x}$ (distinta a la inicial) son distintas a las vistas en el punto 2.2 porque parten de la edad de 61 años y no de los 60 años. De nuevo, el flujo esperado de pagos se calcula como:

$$F = \sum_{j=0}^{n-h-1} {}_{j}p_{x+h} \cdot q_{x+h+j} \cdot v(j+1) \cdot F_{h+j} = \sum_{j=0}^{n-h-1} {}_{j}p_{x+h} \cdot q_{x+h+j} \cdot (1+i)^{-(j+1)} \cdot F_{j+h} \quad \forall h < n$$

Desde el punto de vista de Microsoft Office, el cálculo del primer flujo (celda M6) quedaría:

=L6*H6*I6*J7*K6

Al no disponer de primas futuras, el cálculo de la PM coindice con el Flujo:

$$PM = F - P = F - 0 = F$$

Para nuestro ejemplo, 7.761,37 € transcurridos un periodo, *h=1.*

Conceptos	Datos
Edad inicio	60
Tipo de interés	1%
Capital	150.000 €
h años	1
n inicial	10

Total	7.761,37 €

Edad	Periodo	lx	tpx	qx	Intereses	PM	Capital	Flujo (F)	Primas
61	0	95.270	1	0,0044	1	1	150.000 €	656,60 €	- €
62	1	94.849	0,9956	0,0048	0,9901	1	150.000 €	699,10 €	- €
63	2	94.396	0,9908	0,0052	0,9803	1	150.000 €	744,57 €	- €
64	3	93.908	0,9857	0,0056	0,9706	1	150.000 €	793,51 €	- €
65	4	93.384	0,9802	0,0061	0,9610	1	150.000 €	846,44 €	- €
66	5	92.819	0,9743	0,0066	0,9515	1	150.000 €	903,98 €	- €
67	6	92.209	0,9679	0,0071	0,9420	1	150.000 €	966,97 €	- €
68	7	91.551	0,9610	0,0078	0,9327	1	150.000 €	1.036,47 €	- €
69	8	90.838	0,9535	0,0085	0,9235	1	150.000 €	1.113,72 €	- €
70	9	90.064	0,9454	0,0093	0,9143	0	150.000 €	- €	- €
71	10	89.222	0,9365		0,9053				

Figura 50. Cálculo de la Provisión Matemática en los seguros de Temporal a prima única. Fuente: Elaboración propia.

Por otro lado, podemos explotar todas las opcionalidades que nos ofrece Microsoft Office y calcular la Provisión matemática para cada uno de los años de vigencia del asegurado. Así, creamos una tabla de datos como la que hay puesta a la derecha (ver Figura 51) donde la primera columna indica el número de periodos de la variable *h*. La celda R4 debe ser igual a la celda M3 para que devuelva la Provisión matemática a la vez que va cambiando la variable *h*. Por lo tanto, R4 será:

=M3

Una vez tenemos la tabla, nos vamos a Datos/Análisis de hipótesis/Tabla de datos y nos aparecerá la tabla de la Figura 51.

Pulsamos la celda C7 donde se encuentra la *h* y le damos posteriormente al botón aceptar.

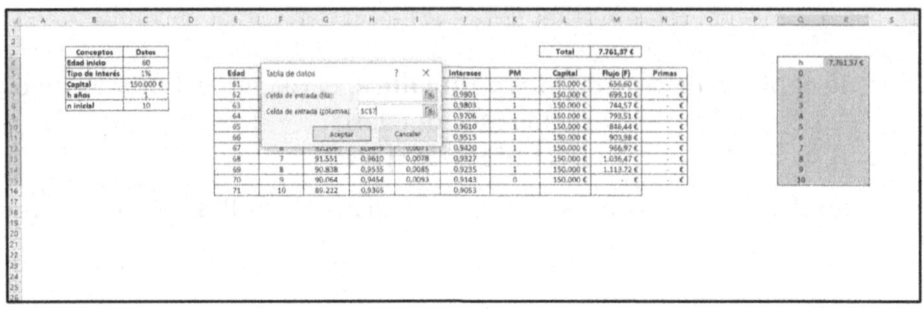

Figura 51. Cálculo de la Provisión Matemática en los seguros de Temporal a prima única. Fuente: Elaboración propia.

El resultado de la tabla, que muestra la evolución de la provisión matemática, será el siguiente:

Tabla 1. Evolución de la Provisión matemática para un seguro Temporal a prima única.

H	0	1	2	3	4	5	6	7	8	9
PM	8.261,15 €	7.761,37 €	7.207,68 €	6.594,94 €	5.917,19 €	5.167,52 €	4.337,86 €	3.418,76 €	2.398,94 €	1.264,84 €

Podemos representar gráficamente a través de un gráfico (ver Figura 52) de dispersión la evolución de dicha provisión matemática.

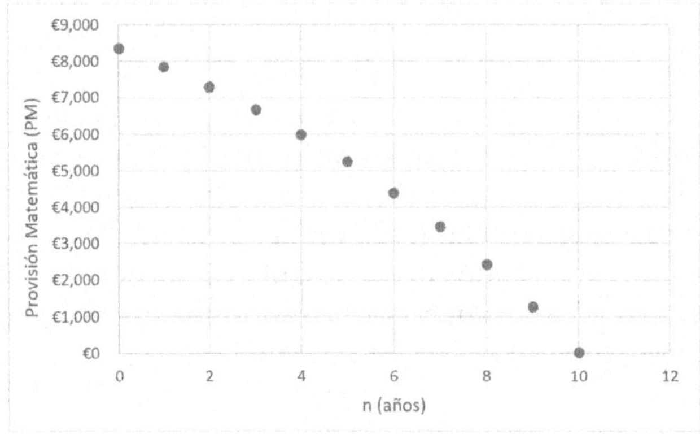

Figura 52. Evolución de la Provisión Matemática en los seguros de Temporal a prima única. Fuente: Elaboración propia.

3.3.2. Provisión Matemática en el seguro Temporal a prima nivelada

Para el cálculo de la provisión matemática en un seguro temporal a prima nivelada hay que calcular el valor actual actuarial de las obligaciones (que paga el asegurador) y el valor actual actuarial de los ingresos por primas (que paga el asegurado).

Por ejemplo (ver Figura 53), una persona de 60 desea que sus beneficiarios, en caso de fallecimiento durante los próximos 10 años (n=10), es decir, que le cubra hasta los 70 años, perciban 150.000 €. Suponiendo un tipo de interés técnico del 1%, el cálculo de la prima periódica constante (nivelada) que debe abonar el asegurado es de 883,25 € (ver punto 2.3). Si se transcurre un año (h=1), a los 61 años de edad, desde el inicio del seguro (fecha de efecto), el desarrollo para el cálculo de la provisión matemática, no visto hasta el momento[17], se calcula utilizando los siguientes pasos:

- Paso 1: (Columna N). La columna N mide las primas futuras (Flujos esperados de cobro), ver Figura 49, que ha de pagar el asegurado. Como vemos, la ${}_tP_x$ (columna H) sigue siendo 1 en el periodo 0 (aunque con 61 años) puesto que se asume que si hay que calcular la provisión matemática de este asegurado es porque no ha fallecido entre los 60 y 61 años. En caso de sobrevivir un año más el asegurado pagará la prima constante P_j ya que el asegurado estará con vida en la compañía aseguradora. De nuevo, el flujo esperado del cobro de primas se calcula como:

$$P_h = \sum_{j=0}^{n-h-1} {}_jp_{x+h} \cdot (1+i)^{-(j+1)} \cdot P_{h+j+1} \quad \forall h < n$$

Desde el punto de vista de Microsoft Office, el cálculo del primer flujo (celda M6) quedaría:

=$C$9*H6*J7*K6

Nótese que la Celda C9 parte de la prima nivelada calculada en el punto 2.3. finalmente, el cálculo de la provisión matemática tiene la siguiente estructura:

$$PM = F - P$$

---

17 Aquellos conceptos que no se explican en este punto se han visto con detenimiento en los puntos 2.2 y 2.3 del Tema 2 y el punto 2.2 de este Tema 3.

Para nuestro ejemplo, 7.761,37 € son los flujos de las obligaciones transcurridos un periodo mientras que 7.482,31 € son el flujo de las primas. Por lo tanto, la provisión matemática será de 279,06 € para *h=1*.

Conceptos	Datos
Edad inicio	60
Tipo de interés	1%
Capital	150.000 €
h años	1
n inicial	10
Prima Nivelada	883,25 €

		279,06 €	
Total	7.761,37 €	7.482,31 €	

Edad	Periodo	lx	tpx	qx	Intereses	PM	Capital	Flujo (F)	Primas
61	0	95.270	1	0,0044	1	1	150.000 €	656,60 €	883,25
62	1	94.849	0,9956	0,0048	0,9901	1	150.000 €	699,10 €	870,64
63	2	94.396	0,9908	0,0052	0,9803	1	150.000 €	744,57 €	857,91
64	3	93.908	0,9857	0,0056	0,9706	1	150.000 €	793,51 €	845,03
65	4	93.384	0,9802	0,0061	0,9610	1	150.000 €	846,44 €	831,99
66	5	92.819	0,9743	0,0066	0,9515	1	150.000 €	903,98 €	818,77
67	6	92.209	0,9679	0,0071	0,9420	1	150.000 €	966,97 €	805,34
68	7	91.551	0,9610	0,0078	0,9327	1	150.000 €	1.036,47 €	791,67
69	8	90.838	0,9535	0,0085	0,9235	1	150.000 €	1.113,72 €	777,73
70	9	90.064	0,9454	0,0093	0,9143	0	150.000 €	- €	0,00
71	10	89.222	0,9365		0,9053				

Figura 53. Cálculo de la Provisión Matemática en los seguros de Temporal a prima nivelada. Fuente: Elaboración propia.

Por otro lado, en línea con el punto 2.2 podemos explotar todas las opcionalidades que nos ofrece Microsoft Office y calcular la Provisión matemática para cada uno de los años de vigencia del asegurado. Así, creamos una tabla similar a la observada en la Figura 54, donde la primera columna indica el número de periodos de la variable *h*. La celda R4 debe ser igual a la celda M2 para que devuelva la Provisión matemática a la vez que va cambiando la variable *h*. Por lo tanto, R4 será:

=M2

Una vez tenemos la tabla, nos vamos a Datos/Análisis de hipótesis/Tabla de datos y nos aparecerá la tabla de la Figura 54.

Pulsamos la celda C7 donde se encuentra la *h* y le damos posteriormente al botón aceptar.

Conceptos	Datos
Edad inicio	60
Tipo de interés	1%
Capital	150.000 €
h años	1
n inicial	10
Prima Nivelada	883,25 €

		279,06 €	
Total	7.761,37 €	7.482,31 €	

Edad	Periodo	lx	tpx	qx	Intereses	PM	Capital	Flujo (F)	Primas
61	0	95.270	1	0,0044	1	1	150.000 €	656,60 €	883,25
62	1	94.849	0,9956	0,0048	0,9901	1	150.000 €	699,10 €	870,64
63	2	94.396	0,9908	0,0052	0,9803	1	150.000 €	744,57 €	857,91
64	3	93.908	0,9857	0,0056	0,9706	1	150.000 €	793,51 €	845,03
65	4	93.384	0,9802	0,0061	0,9610	1	150.000 €	846,44 €	831,99
66	5	92.819	0,9743	0,0066	0,9515	1	150.000 €	903,98 €	818,77
67	6	92.209	0,9679	0,0071	0,9420	1	150.000 €	966,97 €	805,34
68	7	91.551	0,9610	0,0078	0,9327	1	150.000 €	1.036,47 €	791,67
69	8	90.838	0,9535	0,0085	0,9235	1	150.000 €	1.113,72 €	777,73
70	9	90.064	0,9454	0,0093	0,9143	0	150.000 €	- €	0,00
71	10	89.222	0,9365		0,9053				

h	279,06 €
0	0,00 €
1	279,06 €
2	513,03 €
3	697,26 €
4	826,35 €
5	893,99 €
6	892,84 €
7	814,27 €
8	647,99 €
9	381,59 €
10	0,00 €

Figura 54. Cálculo de la Provisión Matemática en los seguros de Temporal a prima nivelada. Fuente: Elaboración propia.

El resultado de la tabla, que muestra la evolución de la provisión matemática, será el siguiente:

Tabla 2. Evolución de la Provisión matemática para un seguro Temporal a prima nivelada. Fuente: Elaboración propia.

h	0	1	2	3	4	5	6	7	8	9
PM	0,00 €	279,06 €	513,03 €	697,26 €	826,35 €	893,99 €	892,84 €	814,27 €	647,99 €	381,59 €

Vemos que el importe de la provisión matemática es menor que el observado en el punto 2.2 dado que el asegurado seguirá pagando parte de las primas aportadas.

Podemos representar gráficamente a través de un gráfico (ver Figura 55) de dispersión la evolución de la provisión matemática.

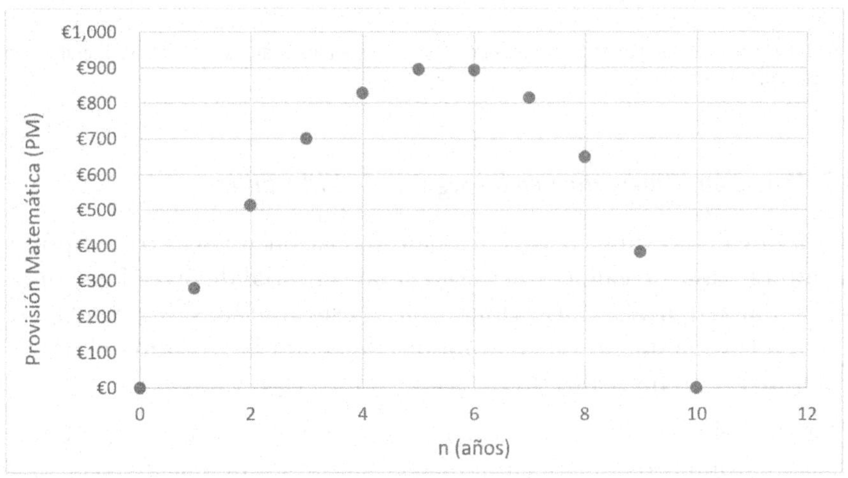

Figura 55. Evolución de la Provisión Matemática en los seguros de Temporal a prima nivelada. Fuente: Elaboración propia.

Nótese que, para este producto, el asegurado paga una prima superior para el riesgo asumido (Flujos) durante los primeros cinco años (ver Figura 56) mientras que a partir del quinto año las primas son menores que el riesgo asumido (y por ese motivo se va reduciendo la provisión matemática).

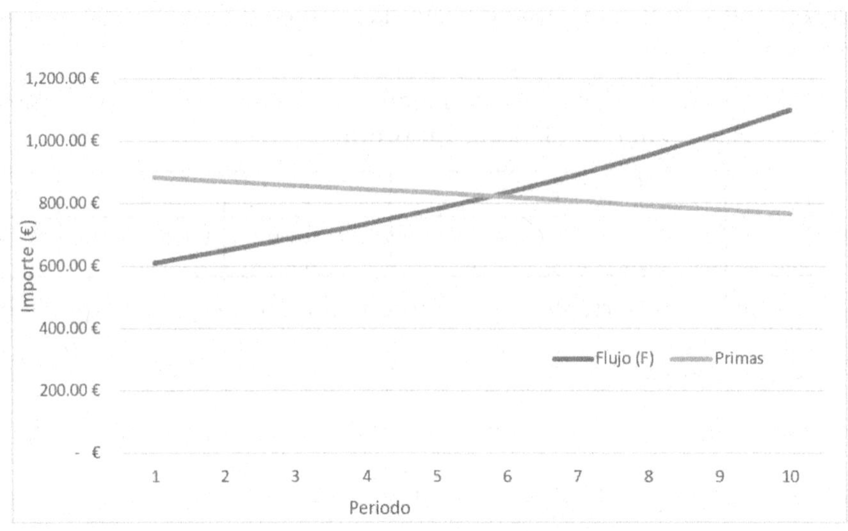

Figura 56. Evolución de las primas y los flujos de prestaciones en los seguros de Temporal a prima nivelada. Fuente: Elaboración propia.

3.3.3. Provisión Matemática en los seguros de Vida Entera

Para el cálculo de la provisión matemática en un seguro temporal de vida entera, hay que calcular el valor actual actuarial de las obligaciones. El valor actual actuarial de las primas es 0 puesto que ha sido pagada, en un solo pago (prima única) en el momento de la familiarización del producto y la valoración se ha realizado *h* periodos posteriores.

Por ejemplo (ver Figura 57), una persona de 60 desea que sus beneficiarios, en el momento del fallecimiento (con independencia de cuando sea), perciban 50.000 €. Suponiendo un tipo de interés técnico del 1%, el cálculo de la prima única (pura) que debe abonar el asegurado es de 37.948,84 € (ver punto 2.4). Si transcurren diez años (h=10), a los 10 años de edad, desde el inicio del seguro (fecha de efecto), el desarrollo para el cálculo de la provisión matemática se calcula utilizando los siguientes pasos:

- Paso 1: (Columna L). La columna L mide las obligaciones futuras (Flujos esperados), ver Figura 57, con el asegurado. Como vemos, la $_tp_x$ (columna I) sigue siendo 1 en el periodo 0 (aunque con 70 años) puesto que se asume que si hay que calcular la provisión matemática de este asegurado es porque no ha fallecido entre los 60 y 70 años. En caso de fallecer ya no estaría asegurado con la compañía aseguradora. El resto de las $_tP_x$ (distinta a la inicial) son distintas a las vistas en el punto 2.2 porque parten de la edad de 70 años. De nuevo, el flujo esperado de pagos ha de tenerse en cuenta hasta el límite de la tabla de mortalidad () y se calcula como sigue:

$$F_h = \sum_{j=0}^{\omega-x-h-1} {}_{j}p_{x+h} \cdot q_{x+h+j} \cdot v(j+1) \cdot F_{j+1} \quad \forall h$$

Desde el punto de vista de Microsoft Office, el cálculo del primer flujo (celda L5) quedaría[18]:

=SI.ERROR(H5*I5*J5*K6;0)

Al no disponer de primas futuras, el cálculo de la PM coindice con el Flujo:

$$PM = F - P = F - 0 = F$$

Para nuestro ejemplo, 41.293,08 € transcurridos un periodo, *h=10.*

Conceptos	Datos
Edad	60
Tipo de interés	1%
Capital	50.000 €
h años	10

Total: 41.706,21

Edad	Periodo	lx	Capital de Fallecimiento	tPx	tqx	Intereses	Flujo
70	0	90.064	50.000 €	1,0000	0,0093	1	467,48
71	1	89.222	50.000 €	0,9907	0,0103	0,9901	505,43
72	2	88.303	50.000 €	0,9804	0,0114	0,9803	548,30
73	3	87.295	50.000 €	0,9693	0,0127	0,9706	596,55
74	4	86.188	50.000 €	0,9570	0,0141	0,9610	650,44
75	5	84.969	50.000 €	0,9434	0,0158	0,9515	709,99
76	6	83.625	50.000 €	0,9285	0,0177	0,9420	775,19
77	7	82.143	50.000 €	0,9120	0,0199	0,9327	846,22
78	8	80.508	50.000 €	0,8939	0,0224	0,9235	923,43
79	9	78.707	50.000 €	0,8739	0,0252	0,9143	1.007,24
80	10	76.723	50.000 €	0,8519	0,0285	0,9053	1.097,86
81	11	74.538	50.000 €	0,8276	0,0322	0,8963	1.196,13
82	12	72.135	50.000 €	0,8009	0,0366	0,8874	1.301,35
83	13	69.493	50.000 €	0,7716	0,0417	0,8787	1.411,98
84	14	66.599	50.000 €	0,7395	0,0474	0,8700	1.525,58
85	15	63.440	50.000 €	0,7044	0,0540	0,8613	1.638,76
86	16	60.013	50.000 €	0,6663	0,0615	0,8528	1.747,13
87	17	56.323	50.000 €	0,6254	0,0699	0,8444	1.845,57
88	18	52.386	50.000 €	0,5816	0,0793	0,8360	1.928,38
89	19	48.231	50.000 €	0,5355	0,0898	0,8277	1.989,50
90	20	43.901	50.000 €	0,4874	0,1013	0,8195	2.023,17
91	21	39.454	50.000 €	0,4381	0,1139	0,8114	2.024,46
92	22	34.960	50.000 €	0,3882	0,1276	0,8034	1.990,12
93	23	30.498	50.000 €	0,3386	0,1425	0,7954	1.919,01
94	24	26.153	50.000 €	0,2904	0,1585	0,7876	1.812,43
95	25	22.007	50.000 €	0,2444	0,1757	0,7798	1.673,99
96	26	18.140	50.000 €	0,2014	0,1941	0,7720	1.509,22
97	27	14.619	50.000 €	0,1623	0,2136	0,7644	1.325,39
98	28	11.496	50.000 €	0,1276	0,2342	0,7568	1.131,26
99	29	8.804	50.000 €	0,0977	0,2557	0,7493	936,37
100	30	6.553	50.000 €	0,0728	0,2779	0,7419	750,12
101	31	4.732	50.000 €	0,0525	0,2926	0,7346	564,52
102	32	3.347	50.000 €	0,0372	0,3381	0,7273	456,99
103	33	2.215	50.000 €	0,0246	0,4059	0,7201	359,50
104	34	1.316	50.000 €	0,0146	0,5017	0,7130	261,36
105	35	656	50.000 €	0,0073	0,6249	0,7059	160,61
106	36	246	50.000 €	0,0027	0,7606	0,6989	72,60

Figura 57. Cálculo de la Provisión Matemática en los seguros a vida entera. Fuente: Elaboración propia.

[18] Nótese que se aplica la función SI.ERROR para la parte (> 120 años) donde ya no hay valores en la tabla de mortalidad.

Podemos construir la provisión matemática para los próximos 50 años (igual que se ha obtenido en el punto 2.2.1 y 2.2.3) y representar gráficamente su evolución a través de un gráfico (ver Figura 58) de dispersión.

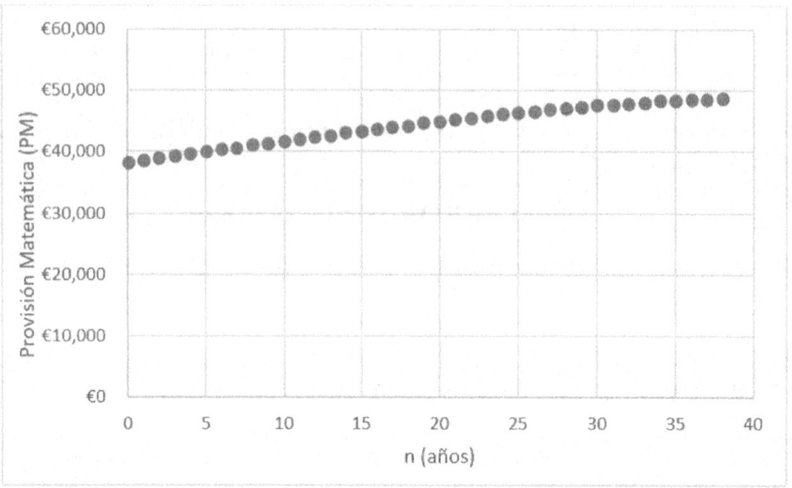

Figura 58. Evolución de la Provisión Matemática en los seguros de Temporal a prima única. Fuente: Elaboración propia.

Vemos que a medida que se acerca a años converge al capital de fallecimiento de 50.000 €.

3.4. PROVISIÓN MATEMÁTICA EN LOS SEGUROS DE AHORRO

Hasta el momento, los productos que hemos estudiado corresponden al grupo de productos de seguros de vida-riesgo, donde la principal contingencia es el riesgo de fallecimiento. Estos productos se diferenciaban por su temporalidad. Para los productos de vida-riesgo con periodicidad (renovación) anual, la provisión técnica que generaban era la Provisión para Primas no Consumidas (PPNC) mientras que los productos de vida-riesgo para una periodicidad plurianual (superior al año) generaban provisión matemática por el exceso de prima que pagaban en función del riesgo asumido (ver, por ejemplo, Figura 56).

En este bloque estudiaremos los productos de vida ahorro, en concreto, las rentas vitalicias, las rentas temporales y las rentas con contraseguro. El cálculo de la renta que el asegurado va a percibir ya ha sido rechazado, tanto teóricamente, como su tratamiento en Microsoft Office, durante el punto 3.2. En este punto, abordaremos detenidamente el cálculo de su provisión matemática que hay que tener dotada en el pasivo actuarial.

3.4.1. Provisión Matemática en una renta vitalicia

Para el cálculo de la provisión matemática para una renta vitalicia es necesario partir del cálculo de la renta a percibir por el asegurado (ver punto 2.3.1.). Esta renta vitalicia, F_j, la percibirá hasta el momento de su fallecimiento, es decir, existe obligación para la aseguradora mientras el asegurado esté con vida. Recordemos que el cálculo de la provisión matemática se realiza teniendo en cuenta las obligaciones menos las primas.

En este caso, como el asegurado paga una prima única, el flujo futuro de primas (ingresos para la aseguradora) serán 0, es decir, no se tiene en cuenta. Finalmente, el cálculo de la provisión matemática trascurridos h años, desde la emisión de la póliza, se calcula utilizando la siguiente expresión matemática:

$$PM = F - P = F - 0 = F = \sum_{j=0}^{\omega - x - h - 1} {}_{j}p_{x+h} \cdot v(j+1) \cdot F_{h+j+1} \quad \forall h$$

Por ejemplo, para una aportación de Prima Única, *P*, de 150.000 € de un hombre[19] de 60 años nacido en 1962. Si se aplica un tipo de interés del 2%, la renta a percibir por dicho asegurado es de 6.389,37 € durante toda su vida. Si transcurren diez años (h=10), a los 10 años de edad, desde el inicio del seguro (fecha de efecto), el desarrollo para el cálculo de la provisión matemática se calcula utilizando los siguientes pasos vistos anteriormente:

- Paso 1: (Columna L). La columna L mide las obligaciones futuras (Flujos esperados), ver Figura 59, con el asegurado. Se trata de las primas que pagará la aseguradora siempre que el asegurado permanezca con vida. Como vemos, la ${}_{t}p_{x}$ (columna I) sigue siendo 1 en el periodo 0 (aunque con 70 años) puesto que se asume que si hay que calcular la provisión matemática de este asegurado es porque no ha fallecido entre los 60 y 70 años. En caso de fallecer ya no estaría asegurado con la compañía aseguradora. El resto de las ${}_{t}P_{x}$ (distinta a la inicial) son distintas a las vistas en el punto 2.3.1. porque parten de la edad de 70 años. De nuevo, el flujo esperado de pagos ha de tenerse en cuenta hasta el límite de la

---

19 Nótese que el tratamiento de las tablas de mortalidad para los productos de ahorro se realiza con las tablas generacionales PERM2019 (ver punto 4, Tema 2).

tabla de mortalidad (ω), siempre que permanezca con vida, y se calcula como sigue:

$$F_h = \sum_{j=0}^{\omega-x-h-1} {}_jp_{x+h} \cdot v(j+1) \cdot F_{h+j+1} \quad \forall h$$

Desde el punto de vista de Microsoft Office, el cálculo del primer flujo (celda L5) quedaría[20]:

=K7*$C$12

Porque la columna K ya recoge el efecto probabilístico y el efecto tipo de interés. Otra alternativa de fórmula sería la siguiente:

=SI.ERROR(I7*H7*$C$12;0)

En una parte se tiene en cuenta el *si.error* y en la otra no es necesario porque implícitamente ya ha sido tenido en cuenta.

Al no disponer de primas futuras, el cálculo de la PM coindice con el Flujo:

$$PM = F - P = F - 0 = F$$

Para nuestro ejemplo, 117.497,76 € transcurridos un periodo, *h=10.*

Conceptos	Datos
Edad	60
Tipo de interés	2%
Prima Única	150.000 €
Fecha de nacimiento	1962
Sexo	Hombre
h	10
Renta Vitalicia	6.389,37 €

PM
117.497,76 €

Edad	Periodo	lx	tpx	Intereses	Renta	Flujo unitario	Flujo renta
70	0	92.165	1,0000	1			
71	1	91.780	0,9958	0,9804	1	0,98	6.237,94 €
72	2	91.375	0,9914	0,9612	1	0,95	6.088,67 €
73	3	90.948	0,9868	0,9423	1	0,93	5.941,38 €
74	4	90.493	0,9819	0,9238	1	0,91	5.795,71 €
75	5	90.001	0,9765	0,9057	1	0,88	5.651,19 €
76	6	89.466	0,9707	0,8880	1	0,86	5.507,43 €
77	7	88.877	0,9643	0,8706	1	0,84	5.363,89 €
78	8	88.221	0,9572	0,8535	1	0,82	5.219,92 €
79	9	87.484	0,9492	0,8368	1	0,79	5.074,84 €
80	10	86.651	0,9402	0,8203	1	0,77	4.927,95 €
81	11	85.706	0,9299	0,8043	1	0,75	4.778,61 €
82	12	84.625	0,9182	0,7885	1	0,72	4.625,84 €
83	13	83.382	0,9047	0,7730	1	0,70	4.468,54 €
84	14	81.952	0,8892	0,7579	1	0,67	4.305,75 €
85	15	80.301	0,8713	0,7430	1	0,65	4.136,30 €
86	16	78.406	0,8507	0,7284	1	0,62	3.959,48 €
87	17	76.194	0,8267	0,7142	1	0,59	3.772,32 €
88	18	73.647	0,7991	0,7002	1	0,56	3.574,75 €
89	19	70.745	0,7676	0,6864	1	0,53	3.366,58 €
90	20	67.507	0,7325	0,6730	1	0,49	3.149,49 €
91	21	63.922	0,6936	0,6598	1	0,46	2.923,74 €
92	22	60.036	0,6514	0,6468	1	0,42	2.692,18 €

Figura 59. Cálculo de la Provisión Matemática para una renta vitalicia. Fuente: Elaboración propia.

20 Nótese que se aplica la función SI.ERROR para la parte (> 120 años) donde ya no hay valores en la tabla de mortalidad.

Podemos construir la provisión matemática para los próximos 60 años (igual que hemos obtenido apartados anteriores) y representar gráficamente a través de un gráfico (ver Figura 60) de dispersión su evolución.

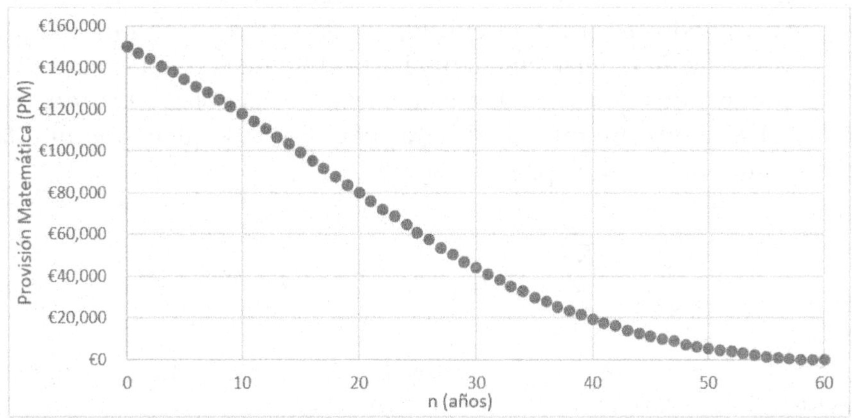

Figura 60. Evolución de la Provisión Matemática en la renta vitalicia. Fuente: Elaboración propia.

3.4.2. Provisión Matemática en una renta temporal

Para el cálculo de la provisión matemática para una renta temporal es necesario partir del cálculo de la renta a percibir por el asegurado (ver punto 2.3.2.). Esta renta pagadera durante un periodo de tiempo, F_j, será percibirá por el asegurado siempre y cuando sobreviva, es decir, existe obligación para la aseguradora mientras el asegurado permanezca con vida.

En este caso, como el asegurado paga una prima única, la aseguradora no tendrá el ingreso de primas. Así, el cálculo de la provisión matemática trascurridos $h < n$ años, siempre que , desde la emisión de la póliza, se calcula utilizando la siguiente expresión matemática:

$$PM = F - P = F - 0 = F = \sum_{j=0}^{n-h-1} {}_{j}p_x \cdot v(j) \cdot F_j \quad \forall h < n$$

Por ejemplo, para una aportación de Prima Única, *P*, de 150.000 € de un hombre de 60 años nacido en 1962. Si se aplica un tipo de interés del 2%, el cálculo de la renta anual temporal a percibir por el asegurado durante los siguientes 10 años es de 16.946,15 € (ver punto 2.3.2). El desarrollo para el cálculo de la provisión matemática se calcula utilizando los siguientes:

- Paso 1: (Columna L). La columna L mide las obligaciones futuras (Flujos esperados), ver Figura 61, con el asegurado. Se trata de las primas que pagará la aseguradora siempre que el asegurado permanezca con vida y la duración temporal *n* no sea posterior al tiempo trascurrido, *h*, desde la emisión de la póliza. El flujo esperado de pagos ha de tenerse en cuenta hasta el fin de la renta vitalicia. Si han trascurrido 5 años (h) desde la emisión de la póliza y la renta temporal se abona durante los 10 primeros años (n), quedarán un total de 5 años de flujos de pago futuros:

$$F_h = \sum_{j=1}^{5} {}_{j}p_{x+h} \cdot v(j) \cdot F_{j+h} \quad \forall h < n$$

Desde el punto de vista de Microsoft Office, el cálculo del primer flujo (celda L5) quedaría:

=K7*$C$12

El Flujo de la columna K ya tiene en cuenta el cobro de la renta que se puede observar en la columna J.

Al no disponer de primas futuras, el cálculo de la PM coindice con el Flujo:

$$PM = F - P = F - 0 = F$$

Para nuestro ejemplo, 79.040,40 € transcurridos cinco periodos, *h=5*.

PM
79.040,40 €

Conceptos	Datos
Edad	60
Tipo de interés	2%
Prima Única	150.000 €
Fecha de nacimiento	1962
Sexo	Hombre
n	10
h	5
Renta Anual	16.946,15 €

Edad	Periodo	lx	tpx	Intereses	Renta	Flujo	Flujo renta
65	0	93.865	1,0000	1			
66	1	93.551	0,9967	0,9804	1	0,98	16.558,27 €
67	2	93.223	0,9932	0,9612	1	0,95	16.176,64 €
68	3	92.884	0,9895	0,9423	1	0,93	15.801,76 €
69	4	92.532	0,9858	0,9238	1	0,91	15.433,16 €
70	5	92.165	0,9819	0,9057	1	0,89	15.070,56 €
71	6	91.780	0,9778	0,8880	0	0,00	0,00 €
72	7	91.375	0,9735	0,8706	0	0,00	0,00 €
73	8	90.948	0,9689	0,8535	0	0,00	0,00 €
74	9	90.493	0,9641	0,8368	0	0,00	0,00 €
75	10	90.001	0,9588	0,8203	0	0,00	0,00 €
76	11	89.466	0,9531	0,8043	0	0,00	0,00 €
77	12	88.877	0,9469	0,7885	0	0,00	0,00 €
78	13	88.221	0,9399	0,7730	0	0,00	0,00 €
79	14	87.484	0,9320	0,7579	0	0,00	0,00 €
80	15	86.651	0,9231	0,7430	0	0,00	0,00 €
81	16	85.706	0,9131	0,7284	0	0,00	0,00 €
82	17	84.625	0,9016	0,7142	0	0,00	0,00 €
83	18	83.382	0,8883	0,7002	0	0,00	0,00 €

Figura 61. Cálculo de la Provisión Matemática para una renta temporal. Fuente: Elaboración propia.

La evolución de la Provisión matemática, obtenida a través de una tabla de datos, tiene un comportamiento decreciente (ver Figura 62). Transcurridos $n>1$ años, en nuestro ejemplo, 11 años, el valor de la provisión matemática es cero ya que el cliente deja de percibir la renta temporal y no está la póliza en vigor.

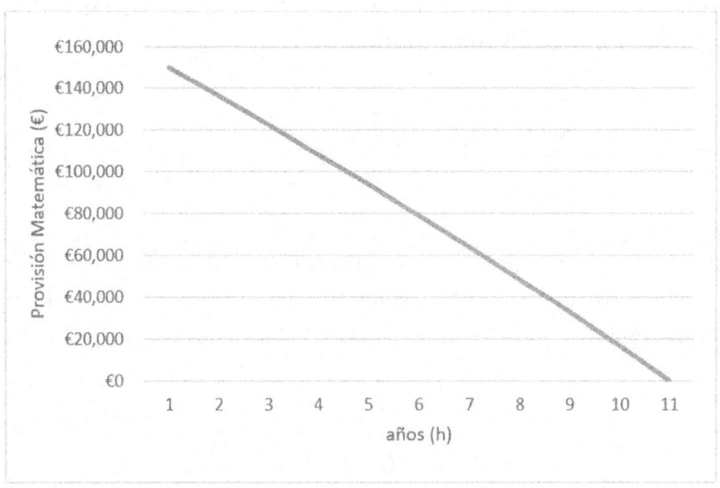

Figura 62. Evolución de la Provisión Matemática en la renta temporal. Fuente: Elaboración propia.

3.4.3. Provisión Matemática de una renta con contraseguro

Como se ha visto en el punto 2.3.3., la renta vitalicia con contraseguro tiene dos garantías:

- En caso de fallecimiento: Los herederos percibirán la Prima Única que pagó el asegurado al inicio de la relación contractual.
- En caso de supervivencia: El asegurado cobra una renta periódicamente (vitalicia).

En línea con las rentas anteriores, el asegurado paga al inicio del producto (fecha de efecto) la prima única y ya no pagará ninguna otra cantidad a la aseguradora. Por ese motivo, en el cálculo de la provisión matemática, los ingresos (futuros) de la compañía de seguros serán igual a cero.

Por la parte de prestaciones, dos son los flujos a tener en cuenta.

- Flujo de Fallecimiento: Se trata de un producto idéntico a un seguro de vida entera (ver punto 3.2.3, Tema 3) y el cálculo de dicho flujo tiene la siguiente expresión matemática:

$$F_h^1 = \sum_{j=0}^{\omega-x-h-1} {}_{j}p_{x+h} \cdot q_{x+h+j} \cdot v(j+1) \cdot F_{h+j+1} \quad \forall h$$

- Flujo de supervivencia: Se trata de un producto idéntico a una renta vitalicia entera (ver punto 3.3.1) y el cálculo de dicho flujo tiene la siguiente expresión matemática

$$F_h^2 = \sum_{j=0}^{\omega-x-h-1} {}_{j}p_{x+h} \cdot v(j+1) \cdot F_{h+j+1} \quad \forall h$$

Por tanto, el cálculo de la provisión matemática se calcula como la suma de ambos flujos anteriores, menos las primas que pagará el cliente, que en este caso son cero:

$$PM = F - P = F - 0 = F = F_h^1 + F_h^2$$
$$= \sum_{j=0}^{\omega-x-h-1} {}_{j}p_{x+h} \cdot q_{x+h+j} \cdot v(j+1) \cdot F_{h+j+1} + \sum_{j=0}^{\omega-x-h-1} {}_{j}p_{x+h} \cdot v(j+1) \cdot F_{h+j+1}$$

Por ejemplo (ver Figura 63), un asegurado (hombre) de 60 años nacido en 1962 contrata una renta con contraseguro del 100% a través del pago de una prima única, *P*, de 150.000 €. Si se aplica un tipo de interés del 2%, el cálculo de la renta periódica (vitalicia) se puede ver en el punto 2.3.3 y asciende a 3.066,46 € para cada periodo (en nuestro ejemplo, para cada año). Pasados 5 años (h), para el cálculo de la provisión matemática han de realizarse los siguientes pasos:

- Paso 1: (Columna M). La columna mide las obligaciones futuras con el asegurado de la garantía de fallecimiento. En línea con el seguro de vida entera, el flujo esperado de pagos ha de tenerse en cuenta hasta el límite de la tabla de mortalidad (ω) y se calcula como sigue:

$$F = \sum_{j=0}^{\omega-x-h-1} {}_{j}p_{x} \cdot q_{x+j} \cdot v(j) \cdot F_j \quad \forall h$$

Desde el punto de vista de Microsoft Office, el cálculo del primer flujo (celda L5) quedaría:

=SI.ERROR(H6*I6*J6*K7;0)

- Paso 2: (Columna N). La columna mide las obligaciones futuras con el asegurado de la garantía de supervivencia, que se corresponde con la renta vitalicia de 3.066,46 €. Se trata de un importe que pagará la aseguradora siempre que el asegurado permanezca con vida. De nuevo, el flujo esperado de pagos ha de tenerse en cuenta hasta el límite de la tabla de mortalidad (ω), siempre que permanezca con vida, y se calcula, en Microsoft Office utilizando la siguiente formulación:

=si.error(I7*L7*K7*$C$12;0)

- Paso 3: (Columna O). Es el flujo total. Se calcula como la suma de los flujos de fallecimiento vistos en el Paso 1 (columna M) y los flujos de supervivencia vistos en el Paso 2 (Columna N).
- Paso 4: (Celda O2). Es la provisión matemática y no es más que la suma de los Flujos totales (columna O).

Conceptos	Datos
Edad	60
Tipo de interés	2%
Prima Única	150.000 €
Fecha de nacimiento	1962
Sexo	Hombre
h	5
Renta Anual	3.066,46 €

									PM
							85.239,89 €	64.452,16 €	**149.892,05 €**
Edad	**Periodo**	**lx**	**Capital**	**tpx**	**qx**	**Intereses**	**Renta**	**Flujo Fallecimiento**	**Flujo Supervivencia**	**Flujo total**
65	0	93.865	150.000 €	100,00%	0,33%	1	1			0,00 €
66	1	93.551	150.000 €	99,67%	0,35%	0,9804	1	492,08 €	2996,27	3.488,36 €
67	2	93.223	150.000 €	99,32%	0,36%	0,9612	1	504,24 €	2927,21	3.431,45 €
68	3	92.884	150.000 €	98,95%	0,38%	0,9423	1	510,65 €	2859,38	3.370,02 €
69	4	92.532	150.000 €	98,58%	0,40%	0,9238	1	520,08 €	2792,68	3.312,76 €
70	5	92.165	150.000 €	98,19%	0,42%	0,9057	1	531,02 €	2727,07	3.258,08 €
71	6	91.780	150.000 €	97,78%	0,44%	0,8880	1	545,87 €	2662,43	3.208,31 €
72	7	91.375	150.000 €	97,35%	0,47%	0,8706	1	562,96 €	2598,72	3.161,68 €
73	8	90.948	150.000 €	96,89%	0,50%	0,8535	1	582,59 €	2535,86	3.118,45 €
74	9	90.493	150.000 €	96,41%	0,54%	0,8368	1	609,04 €	2473,68	3.082,72 €
75	10	90.001	150.000 €	95,88%	0,59%	0,8203	1	644,64 €	2412,00	3.056,64 €
76	11	89.466	150.000 €	95,31%	0,66%	0,8043	1	687,96 €	2350,64	3.038,60 €
77	12	88.877	150.000 €	94,69%	0,74%	0,7885	1	742,25 €	2289,38	3.031,63 €
78	13	88.221	150.000 €	93,99%	0,83%	0,7730	1	809,92 €	2227,93	3.037,85 €
79	14	87.484	150.000 €	93,20%	0,95%	0,7579	1	892,14 €	2166,01	3.058,15 €
80	15	86.651	150.000 €	92,31%	1,09%	0,7430	1	989,20 €	2103,31	3.092,51 €
81	16	85.706	150.000 €	91,31%	1,26%	0,7284	1	1.100,56 €	2039,57	3.140,13 €
82	17	84.625	150.000 €	90,16%	1,47%	0,7142	1	1.233,46 €	1974,37	3.207,83 €
83	18	83.382	150.000 €	88,83%	1,72%	0,7002	1	1.390,40 €	1907,23	3.297,63 €
84	19	81.952	150.000 €	87,31%	2,01%	0,6864	1	1.569,34 €	1837,75	3.407,09 €
85	20	80.301	150.000 €	85,55%	2,36%	0,6730	1	1.775,17 €	1765,43	3.540,59 €
86	21	78.406	150.000 €	83,53%	2,82%	0,6598	1	1.998,38 €	1689,96	3.688,33 €

Figura 63. Cálculo de la Provisión Matemática para una renta con contraseguro. Fuente: Elaboración propia.

Como se observa en la Figuras 64 a menudo que transcurren los años (incremento de la variable *h*) ocurren dos circunstancias:

- El Flujo de fallecimiento es cada vez es más grande porque la probabilidad de fallecimiento incrementa con la edad y la cantidad que reciben en caso de fallecimiento, los herederos legales percibirán es constante de 150.000 €.
- Por el contrario, el flujo de supervivencia es cada vez más pequeño puesto que el asegurado tiene menos probabilidad de sobrevivir. En otras palabras, la probabilidad de cobrar la renta constante vitalicia (hasta el fallecimiento) cada vez es menor.

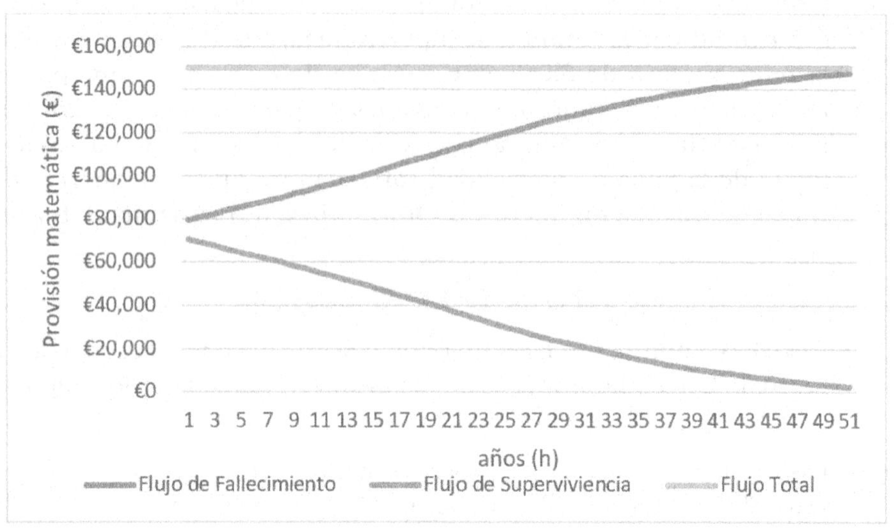

Figura 64. Evolución del flujo de supervivencia, del flujo de fallecimiento y de la provisión matemática de un producto de rentas con contraseguro. Fuente: Elaboración propia.

3.5. EJERCICIOS TEMA 3

Ejercicio 1. En el fichero "Tema 3. Ejercicios.xlsx" se pueden encontrar 2.219 pólizas de un producto Temporal Anual Renovable. Calcula la Provisión para Primas no Consumidas (PPNC) para cada una de las 3 modalidades.

Ejercicio 2. Calcula la provisión matemática a los 5 años de iniciados el siguiente producto. Un asegurado que tiene 50 años y desea contratar un seguro a prima única de 15 años con un capital de 200.000 € creciente en progresión geométrica un 5%. Por ejemplo, para el primer año el capital será de 200.000 €. Para el siguiente año el capital será de 200.000 · (1+0,05)^1, para el siguiente año será de 200.000 · (1+0,05)^2 y así sucesivamente. Realiza los cálculos con Microsoft Excel. Las tablas de mortalidad las puedes encontrar en el fichero "Tema 3. Ejercicios.xlsx", hoja "Tablas de mortalidad.".

Ejercicio 3. Un asegurado acaba de contratar un préstamo hipotecario con una entidad financiera. Necesita contratar un seguro temporal de fallecimiento. La casuística de este seguro es que el capital de fallecimiento es decreciente y sigue el capital pendiente (salvo vivo) de un préstamo francés a tipo fijo. En el fichero "Tema 3. Ejercicios.xlsx" tienes el capital pendiente (hoja: Ejercicio 3) o salvo vivo de un préstamo de 300.000 € pagadero anualmente durante los próximos 30 años. Calcula la provisión matemática a los 10 años de iniciados el siguiente producto. Realiza los cálculos con Microsoft Excel. Las tablas de mortalidad las puedes encontrar en el fichero "Tema 3. Ejercicios.xlsx", hoja "Tablas de mortalidad".

Ejercicio 4. Un asegurado de 50 años (generación de 1960) que aporta 1.000.000 € y la aseguradora le ofrece un tipo de interés del 2% y el pago de una renta anual vitalicia. Calcula la provisión matemática transcurridos 8 años. Realiza los cálculos con Microsoft Excel. Las tablas de mortalidad las puedes encontrar en el fichero "Tema 3. Ejercicios.xlsx", hoja "Tablas de mortalidad Genera.".

Ejercicio 5. Calcula la provisión matemática de un asegurado de 60 años (generación de 1955) que aporta una prima única de 500.000 € y la aseguradora le ofrece una renta vitalicia pagadera anualmente a un tipo de interés del 0,5% con contraseguro (en caso de fallecimiento) del capital de fallecimiento del 90%, es decir, de 450.000 € (500.000 · 0,90). Realiza los cálculos con Microsoft Excel. Las tablas de mortalidad las puedes encontrar en el fichero "Tema 3. Ejercicios.xlsx", hoja "Tablas de mortalidad Genera.".

Tema 4

Excel aplicado a la tarificación de los seguros de no vida

4.1. INTRODUCCIÓN

Una gran parte de los seguros que se comercializan corresponden al negocio de seguros no vida. En concreto, se trata de una tipología de seguro que el bien asegurado es material, a diferencia del seguro de vida que su principal objetivo es asegurar la vida humana (por ejemplo, a través de un seguro de fallecimiento). Por ejemplo, el seguro del automóvil, el seguro multirriesgo o el seguro de responsabilidad civil son uno de los ramos más importantes en cualquier economía desarrollada.

El desarrollo estadístico para el cálculo de primas difiere enormemente de los seguros de vida. Mientras que en los seguros de vida la contingencia solo podía ocurrir una vez, por ejemplo, el fallecimiento, para la gran mayoría de los seguros de no vida la contingencia asegurada puede ocurrir en más de una ocasión (por ejemplo, un accidente de circulación). En los seguros de vida las probabilidades de cada contingencia vienen explicitadas a través de la denominada tabla de mortalidad (vista en los puntos 2 y 3)

El objetivo principal de la compañía aseguradora es determinar un nivel de primas suficiente que permita hacer frente a los siniestros, además de los gastos internos y externos presentes en cualquier tipo de negocio. El valor de los siniestros se determina como el número de siniestros ocasionados y la cuantía de dichos siniestros, es decir, una variable aleatoria discreta (número de siniestros) y una variable aleatoria continua (cuantía del siniestro).

Para conocer el comportamiento en términos de siniestralidad de los seguros de no vida se emplean diferentes distribuciones de probabilidad. En el punto 2 utilizaremos las distribuciones estadísticas para el número de siniestros (distribución Binominal y de Poisson) mientras que en el punto 3 utilizaremos distribuciones estadísticas para la cuantía del siniestro (Gamma y Pareto).

Aunque existen un número ilimitado de distribuciones, en este tema, por criterio de extensión, veremos los más empleados. No obstante, el procedimiento aquí visto es directamente extrapolable al resto de distribuciones.

4.2. DISTRIBUCIONES ESTADÍSTICAS PARA EL NÚMERO DE SINIESTROS

Las distribuciones discretas que analizan el número de siniestros en un determinado ramo de seguros de no vida son la distribución Binomial y la distribución de Poisson.

El procedimiento a seguir es el siguiente:

1. Conocimiento de la distribución de probabilidad con sus parámetros.
2. Conocer cómo calcular el valor de los parámetros una vez realizado el procedimiento por máxima verosimilitud.
3. Calcular las probabilidades teóricas.
4. Calcular las frecuencias teóricas.
5. Evaluar si los datos siguen o no la distribución teórica a través de un contraste de no paramétrico.

Los puntos 1, 2, 3 y 4 se estudiarán en los puntos 4.2.1 y 4.2.2 para el caso de distribución discreta y 4.3.1 y 4.3.2 para el caso de distribución continua. El punto 5 se estudiará en los puntos 4.2.3 para la distribución discreta y 4.3.3 para distribuciones continuas.

4.2.1. Distribución Binomial

Cuando un experimento tiene las siguientes características:

- Sólo hay dos resultados posibles: Éxito (A) y No Éxito (D)
- La proporción de A y D es constante en la población y no se modifica cualquiera que sea la cantidad observada:

$$P(D) = p$$

$$P(A) = q = 1 - p$$

- Las observaciones son independientes.

Estas características las cumplen principalmente todas las pólizas del sector asegurador:

- Sólo hay dos resultados posibles: Éxito (A) cuando hay un siniestro y No Éxito (D) cuando no hay un siniestro.
- La proporción de A y D es constante en la población y no se modifica cualquiera que sea la cantidad observada. Aunque es una hipótesis bastante restrictiva, puede asumirse durante un determinado periodo de tiempo, por ejemplo, un año.
- Las observaciones son independientes. Por ejemplo, no hay relación entre la conducción de un vehículo asegurado y otro vehículo.

Cuando se cumplan este tipo de características, diremos que tenemos es un proceso Bernoulli. La función de probabilidad es la siguiente:

$$p(x) = p^x(1-p)^{1-x}\ ;\ x = 0{,}1$$

Si se repite un número fijo de veces, **n**, un experimento de Bernoulli con parámetro p, el número de éxitos sigue una distribución **Binomial** de parámetros (n,p).

Su función de probabilidad es la siguiente:

$$p(x) = \binom{n}{r} p^x(1-p)^{\mathrm{n}-x}\ ;\ x = 0{,}1, \dots, \mathrm{n}$$

El estimador por máxima verosimilitud[21] que permite obtener el valor del parámetro **p** es el siguiente:

$$p = \frac{1}{nk}\sum_i x_i$$

Donde *k* es el número de individuos/pólizas/asegurados que forman la cartera donde se realiza el análisis.

El objetivo es evaluar si un determinado número de siniestros siguen una distribución binominal. Por ejemplo, suponemos que, en un seguro

---

21 Nótese que el procedimiento por máxima verosimilitud no es objeto de explicación en este curso dado el gran componente teórico del mismo. Se puede consultar en cualquier manual de estadística su obtención.

de transporte marítimo, un total de 150 buques han realizado hasta 10 transportes cada uno con el correspondiente número de siniestros en dichos 10 transportes:

Nº de Siniestros	Total de Buques
0	40
1	51
2	39
3	14
4	4
5	1
6	0
7	1
8	0
9	0
10	0

Tabla 3. Siniestros observados de un total de 150 buques de un seguro de transporte marítimo. Fuente: Elaboración propia.

Por ejemplo, un total de 40 buques no han sufrido ningún siniestro en los 10 transportes que han realizado mientras que, por ejemplo, un total de 39 buques han sufrido dos siniestros durante los 10 transportes (ver Tabla 3).

A través del procedimiento por máxima verosimilitud el valor del parámetro se calcula como sigue:

$$\hat{p} = \frac{1}{150 \cdot 10} \sum_i x_i = 0{,}1327$$

En términos de Microsoft Office se calcula como sigue (ver Figura 65):

Nº de Siniestros	Total de Buques
0	40
1	51
2	39
3	14
4	4
5	1
6	0
7	1
8	0
9	0

p =+(1/(10*150))*SUMAPRODUCTO(B4:B14;E4:E14)

Figura 65. Obtención del parámetro p de una distribución binomial. Fuente: Elaboración propia.

Una vez obtenido el valor del parámetro, debemos calcular las probabilidades teóricas de la función de distribución de una Binomial. Para ello, partimos de la fórmula que encontramos en Microsoft Excel:

+DISTR.BINOM.N(núm_exito;ensayos;prob_éxito;acumulado)

Argumento 1, "núm_exito": Se trata del número de siniestros que se pretende evaluar. En este caso, para cada fila, la columna B.

Argumento 2, "ensayos": Es el número total máximo de siniestros. En nuestro, 10. No se puede tener más de 10 siniestros porque es el número de transportes que realiza cada buque.

Argumento 3,"prob_éxito". Es el parámetro que hemos obtenido tras aplicar máxima verosimilitud.

Argumento 4, "acumulado". 1 si queremos que la probabilidad sea acumulativa, 0 si no queremos que sea acumulada.

En nuestro ejemplo, para la primera probabilidad teórica, empleamos los siguientes argumentos (ver Figura 66):

Nº de Siniestros	Total de Buques	Probabilidades Teóricas
0	40	=+DISTR.BINOM.N(B4;10;$I$3;0)
1	51	
2	39	
3	14	
4	4	
5	1	
6	0	
7	1	
8	0	
9	0	

p 13,27%

Figura 66. Obtención de la probabilidad teórica en la distribución binomial. Fuente: Elaboración propia.

Una vez obtenida la probabilidad teórica, nos queda multiplicar por el número de buques (150) para obtener la frecuencia teórica (ver Figura 67).

Nº de Siniestros	Total de Buques	Probabilidades Teóricas	Frecuencia Esperada
0	40	0,24	36,14
1	51	0,37	55,27
2	39	0,25	38,05
3	14	0,10	15,52
4	4	0,03	4,15
5	1	0,01	0,76
6	0	0,00	0,10
7	1	0,00	0,01
8	0	0,00	0,00
9	0	0,00	0,00
10	0	0,00	0,00

Figura 67. Obtención de la frecuencia teórica en la distribución binomial. Fuente: Elaboración propia.

Finalmente, para evaluar si los datos siguen o no la distribución binomial, solo nos queda realizar el punto 4.2.3 del presente este tema. Aunque primero realizaremos el mismo procedimiento para la distribución de probabilidad de Poisson.

La distribución de Poisson nace de la distribución Binomial cuando $n \to \infty$ y $p \to 0$.

4.2.2. Distribución de Poisson

Estaremos ante una distribución de Poisson cuando un experimento tenga las siguientes características:

- Se observa la ocurrencia de sucesos en un intervalo de tiempo (por ejemplo, una hora, un día o un año).
- La probabilidad de que ocurra un suceso en ese intervalo
    - ◊ Es la misma para los intervalos del mismo tamaño.

◊ Es proporcional a la longitud del intervalo. Por ejemplo, si se observan dos siniestros en una hora, en cuatro horas se observarán 8 siniestros.

– Los sucesos ocurren de forma independiente. El número de sucesos que ocurren en un intervalo es independiente del número de sucesos que ocurren en otro intervalo.

La distribución de Poisson **no tiene memoria**, es decir, lo que ha ocurrido en un momento anterior no afecta a lo que ocurrirá en un momento posterior.

Si definimos como X el número de sucesos en un intervalo de longitud fija, la función de probabilidad queda:

$$P(X = x) = \frac{e^{-\lambda}\lambda^{x}}{x!}$$

Donde λ es el parámetro de la distribución de Poisson y $E[X] = Var[X] = \lambda$.

Por ejemplo, en el fichero de Microsoft Office que complementa este tema se dispone de una base de datos con 1.000 pólizas de un seguro de automóvil (columna B) y en el número de siniestros (columna C).

A través de una tabla dinámica (ver Figura 68) se puede obtener el número observado de siniestros por asegurado[22]:

---

[22] También se puede realizar a través de la función contar.si

	A	B	C	D	E	F	G	H	I	J	K
1											
2								Lambda	1,209		
3		ID Póliza	Nº de siniestros					Nº de Siniestros	Total Nº de siniestros (Observados)		
4		1	0		Etiquetas de fila	Cuenta de Nº de siniestros		0	=+CONTAR.SI($C$4:$C$1003;H4)		
5		2	1		0	313		1	CONTAR.SI(rango; criterio)		
6		3	0		1	346		2	207		
7		4	0		2	207		3	100		
8		5	0		3	100		4	24		
9		6	0		4	24		5	8		
10		7	1		5	8		6	1		
11		8	1		6	1		7	1		
12		9	0		7	1					
13		10	0		Total general	1000		Total	1.000		
14		11	1								

Figura 69. Número de pólizas en función del número de siniestros con la función *contar.si*. Fuente: Elaboración Propia.

ID Póliza	Nº de siniestros
1	0
2	1
3	0
4	0
5	0
6	0
7	1
8	1
9	0
10	0
11	1
12	1
13	2
14	1
15	0
16	0
17	0
18	0
19	2
20	2

Etiquetas de fila	Cuenta de Nº de siniestros
0	313
1	346
2	207
3	100
4	24
5	8
6	1
7	1
Total general	**1000**

Figura 68. Número de pólizas en función del número de siniestros. Fuente: Elaboración Propia.

Por otro lado, se desea contratar o evaluar si el número de siniestros de esta cartera sigue una distribución de Poisson. En línea con la distribución Binomial, se realizan 5 pasos:

1. Conocimiento de la distribución de probabilidad con sus parámetros.
2. Conocer cómo calcular el valor de los parámetros una vez realizado el procedimiento por máxima verosimilitud.
3. Calcular las probabilidades teóricas.
4. Calcular las frecuencias teóricas.
5. Evaluar si los datos siguen o no la distribución teórica a través de un contraste de no paramétrico

Para ello, el parámetro de máxima verosimilitud de la distribución de Poisson es su media y ésta coincide con el parámetro . Por lo tanto, después de realizar la función:

=+PROMEDIO(C4:C1003)

Se obtiene que el parámetro $\lambda = 1{,}209$.

Al disponer del parámetro λ, se podría conocer la probabilidad teórica para cada número de siniestros simplemente sustituyendo el parámetro lambda en la distribución de probabilidad teórica:

$$P(X = x) = \frac{e^{-1,209} 1,209^{x}}{x!}$$

Para cada $x = 0, 1, 2, ..., 7$. Para no tener que realizar cada uno de los 8 valores de la variable aleatoria x de manera manual, se emplea la siguiente función de Microsoft Excel (ver Figura 70):

+POISSON.DIST(x;media;acumulado)

Esta función tiene 3 argumentos:

- Argumento 1 (x): Número de siniestros. Para el primer valor, se desea conocer la probabilidad acumulada para 0 siniestros.
- Argumento 2 (media): Se trata del valor de λ .
- Argumento 3 (acumulado): Si se desea conocer la probabilidad acumulada se introducirá 1 o verdadero. Si se desea conocer la probabilidad sin acumular y solo para el valor de x se introducirá 0 o falso.

	A	B	C	D	E	F	G	H	I	J	K	L	M
1													
2								Lambda	1,209				
3		ID Póliza	Nº de siniestros					Nº de Siniestros	Total Nº de siniestros (Observados)				
4		1	0		Etiquetas de fila	Cuenta de Nº de siniestros		0	313	=+POISSON.DIST(H4;$I$2;0)			
5		2	1		0	313		1	346	POISSON.DIST(x; media; acumulado)			
6		3	0		1	346		2	207				
7		4	0		2	207		3	100				
8		5	0		3	100		4	24				
9		6	0		4	24		5	8				
10		7	1		5	8		6	1				
11		8	1		6	1		7	1				
12		9	0		7	1							
13		10	0		Total general	1000		Total	1.000				
14		11	1										
15		12	1										
16		13	2										

Figura 70. Cálculo de la probabilidad teórica para la función de distribución de la Poisson. Fuente: Elaboración Propia.

Así para cada uno de los valores de x. En total, la suma de todas las probabilidades teóricas (columna J) debería ser 1. Sin embargo, la distribución de poisson tiene un rango de valores positivos infinito. Por ese motivo, el último valor (7 para nuestro ejemplo) ha de calcularse como 1 menos toda la probabilidad acumulando hasta ese momento. Así, la celda J11 se calcula como sigue:

=1-SUMA(J4:J10)

Por último, se desea conocer el número de siniestros teórico aplicado a las probabilidades teóricas (columna J). Para ello, se multiplica dicha columna por el total de pólizas (n=1000) y, tras introducir un formato más acorde a una presentación, se puede obtener la tabla vista a la derecha de la Figura 71.

ID Póliza	Nº de siniestros
1	0
2	1
3	0
4	0
5	0
6	0
7	1
8	1
9	0
10	0
11	1
12	1
13	2
14	1

Etiquetas de fila	Cuenta de Nº de siniestros
0	313
1	346
2	207
3	100
4	24
5	8
6	1
7	1
Total general	1000

Lambda 1,209

Nº de Siniestros	Total Nº de siniestros (Observados)	Probabilidad Teórica	Nº de Siniestros Teóricos
0	313	29,85%	298,50
1	346	36,09%	360,88
2	207	21,82%	218,15
3	100	8,79%	87,92
4	24	2,66%	26,57
5	8	0,64%	6,43
6	1	0,13%	1,29
7	1	0,03%	0,26
Total	1.000	100%	1.000

Figura 71. Cálculo del número de siniestros esperado con una distribución de Poisson. Fuente: Elaboración Propia.

4.2.3. Contrate no paramétrico para distribuciones discretas

En ciertas ocasiones, el gestor de riesgos no está seguro acerca del tipo de distribución de probabilidad de la que proceden las observaciones muestrales que ha recogido. Así, se desea comparar si los *datos observados* en un experimento, por ejemplo, la siniestralidad de una cartera de seguros del automóvil durante un año sigue una determinada distribución de probabilidad a través de los valores o *datos esperados.* Para ello, surgen los contrastes *no paramétricos o independientes de la distribución.* Estos contrastes se diferencian de los paramétricos en que éstos últimos se basan en un supuesto específico acerca de la distribución de probabilidad poblacional.

Los principales contrastes no paramétricos son los denominados Test de Bondad de ajuste. Existen números test, aunque los más conocidos son:

- Test Chi-Cuadrado. Este test se suele emplear para distribuciones de probabilidad discretas, como la distribución de Poisson.
- Test de Kolmogorov-Smirnov, Este test se suele emplear para distribuciones de probabilidad continuas, como la distribución de XX.

Bajo el test de la Chi-Cuadrado X^2 los datos se deben agrupar en clases. Se compara el número de observaciones **observado** en cada grupo con el número de observaciones **esperado** y se construye el estadístico del contraste basado en esta diferencia. Bajo la hipótesis nula, dicho estadístico se distribuye como una X^2.

La idea es comparar las frecuencias observadas en la muestra con las esperadas si H0 es cierta, a partir del modelo teórico que se contrasta (obtenido si H_0 es cierta). Rechazaremos H_0 si existe una diferencia suficiente entre ambos conjuntos de frecuencias. El contraste se plantea como:

$$\begin{cases} H_0 \equiv La\ muestra\ proviene\ de\ una\ población\ con\ función\ de\ distribución\ F(x) \\ H_1 \equiv La\ muestra\ NO\ proviene\ de\ una\ población\ con\ función\ de\ distribución\ F(x) \end{cases}$$

Para realizar el contraste se utiliza el test de la Chi-cuadrado (con población categórica):

$$\sum_{i=1}^{k} \frac{(n_i - n_{T_i})^2}{n_{T_i}}$$

n_i son las frecuencias observadas, n_{t_i} las frecuencias teóricas y k el total de categorías de la población. Si n es bastante grande y $n_{T_i} \geq 5$, el estadístico anterior sigue una distribución aproximadamente $\chi^2_{\square}$ con $k - 1 - t$ grados de libertad, siendo k el número de categorías y t el número de parámetros que ha sido necesario estimar para que la hipótesis nula esté totalmente especificada.

Para un nivel de significación , que suele ser de 0,05, 0,10 o 0,01, se rechaza H_0 si .

$$\sum_{i=1}^{k} \frac{(n_i - n_{T_i})^2}{n_{T_i}} < \chi^2_{k-1,\alpha}.$$

Por ejemplo, si seguimos lo comentado en el ejemplo visto en el punto 2.2., concretamente, en la Figura 71, comparamos el número de siniestros observado (columna I) con el número de siniestros esperado (columna K), ver Figura 71 (columna L, diferencias entre observado y esperado).

ID Póliza	Nº de siniestros
1	0
2	1
3	0
4	0
5	0
6	0
7	1
8	1
9	0
10	0
11	1
12	1
13	2
14	1
15	0

Etiquetas de fila	Cuenta de Nº de siniestros
0	313
1	346
2	207
3	100
4	24
5	8
6	1
7	1
Total general	1000

Lambda 1,209

Nº de Siniestros	Total Nº de siniestros (Observados)	Probabilidad Teórica	Nº de Siniestros Teóricos	diferencias entre observado y esperado
0	313	29,85%	298,50	0,70
1	346	36,09%	360,88	0,61
2	207	21,82%	218,15	0,57
3	100	8,79%	87,92	1,66
4	24	2,66%	26,57	0,25
5	8	0,64%	6,43	0,39
6	1	0,13%	1,29	0,07
7	1	0,03%	0,26	2,07
Total	1.000	100%	1.000	6,32

Figura 72. Obtención de las diferencias entre las frecuencias observadas y las frecuencias esperadas de una distribución de Poisson para realizar el contraste de la Chi-Cuadrado. Fuente: Elaboración Propia.

En total, se observa unas diferencias en términos de Chi-Cuadrado de 6,32 (ver Figura 72). Si buscamos el valor de la Chi-cuadrado para k-1 grados de libertad, y una $\alpha = 0{,}05$ $\chi^2_{8-1,0,05} = 2{,}167$ (ver Figura 73). Como $\sum_{i=1}^{k} \frac{(n_i - n_{T_i})^2}{n_{T_i}} = 6{,}32 > \chi^2_{k-1,\alpha} = 2{,}167$, no se rechaza la H_O y podemos afirmar que los siniestros siguen una distribución de Poisson para un nivel de significación, a, del 0,05.

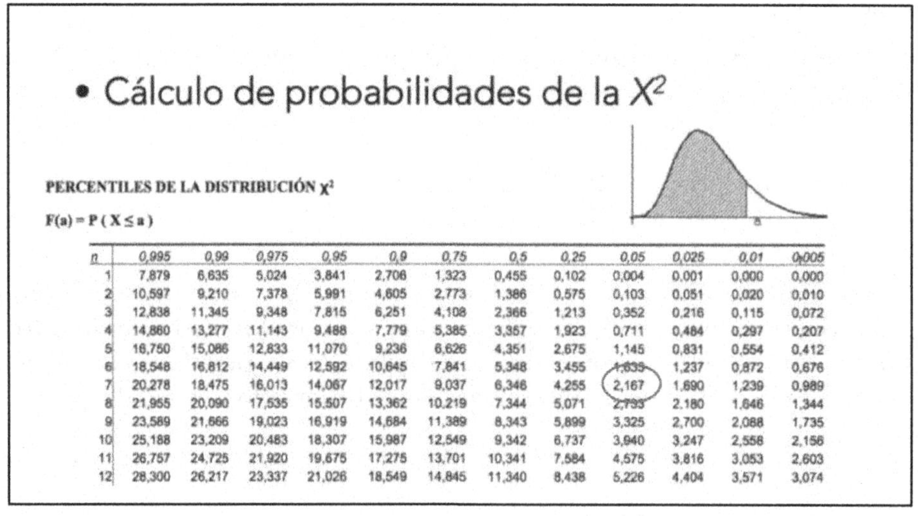

n	0,995	0,99	0,975	0,95	0,9	0,75	0,5	0,25	0,05	0,025	0,01	0,005
1	7,879	6,635	5,024	3,841	2,706	1,323	0,455	0,102	0,004	0,001	0,000	0,000
2	10,597	9,210	7,378	5,991	4,605	2,773	1,386	0,575	0,103	0,051	0,020	0,010
3	12,838	11,345	9,348	7,815	6,251	4,108	2,366	1,213	0,352	0,216	0,115	0,072
4	14,860	13,277	11,143	9,488	7,779	5,385	3,357	1,923	0,711	0,484	0,297	0,207
5	16,750	15,086	12,833	11,070	9,236	6,626	4,351	2,675	1,145	0,831	0,554	0,412
6	18,548	16,812	14,449	12,592	10,645	7,841	5,348	3,455	1,635	1,237	0,872	0,676
7	20,278	18,475	16,013	14,067	12,017	9,037	6,346	4,255	2,167	1,690	1,239	0,989
8	21,955	20,090	17,535	15,507	13,362	10,219	7,344	5,071	2,733	2,180	1,646	1,344
9	23,589	21,666	19,023	16,919	14,684	11,389	8,343	5,899	3,325	2,700	2,088	1,735
10	25,188	23,209	20,483	18,307	15,987	12,549	9,342	6,737	3,940	3,247	2,558	2,156
11	26,757	24,725	21,920	19,675	17,275	13,701	10,341	7,584	4,575	3,816	3,053	2,603
12	28,300	26,217	23,337	21,026	18,549	14,845	11,340	8,438	5,226	4,404	3,571	3,074

Figura 73. Extracto de cualquier distribución Chi-cuadrado.

Microsoft Excel nos permite estudiar el fenómeno desde otro punto de vista pero con los mismo resultados y conclusiones. Si utilizamos la función:

=PRUEBA.CHI(rango_real;rango_esperado)

Tiene dos argumentos:

Argumento 1 (rango_real): se trata de los valores observados en el fenómeno que estamos estudiando.

Argumento 2 (rango_esperado): se trata de los valores esperados de la función de distribución teórica en el fenómeno que estamos estudiando.

Si realizamos ese mismo ejercicio sobre los datos que hemos construido (ver Figura 74) obtenemos que el p.value (o valor de p) asociado el ejercicio es del 0,5025. Como el p.value es mayor que un nivel de significación, , del 0,05, no se rechaza la HO y podemos afirmar que los siniestros siguen una distribución de Poisson para dicho nivel de significación, α.

ID Póliza	Nº de siniestros
1	0
2	1
3	0
4	0
5	0
6	0
7	1
8	1
9	0
10	0
11	1
12	1
13	2
14	1
15	0

Etiquetas de fila	Cuenta de Nº de siniestros
0	313
1	346
2	207
3	100
4	24
5	8
6	1
7	1
Total general	1000

Lambda 1,209

Nº de Siniestros	Total Nº de siniestros (Observados)	Probabilidad Teórica	Nº de Siniestros Teóricos	diferencias entre observado y esperado
0	313	0,2985	298,50	0,70
1	346	0,3609	360,88	0,61
2	207	0,2182	218,15	0,57
3	100	0,0879	87,92	1,66
4	24	0,0266	26,57	0,25
5	8	0,0064	6,43	0,39
6	1	0,0013	1,29	0,07
7	1	0,0003	0,26	2,07
Total	1.000	100%	1.000	6,32

=+PRUEBA.CHI(I4:I11;K4:K11)

Figura 74. Utilización de la función Prueba.chi a través de un ejemplo. Fuente: Elaboración Propia.

4.3. DISTRIBUCIONES ESTADÍSTICAS PARA LA CUANTÍA DE SINIESTROS

La distribución por excelencia en el sector asegurador para determinar la cuantía del siniestro es la distribución Gamma por la flexibilidad que adoptan cada uno de sus dos parámetros.

4.3.1. Distribución Gamma

La distribución gamma es una de las distribuciones más utilizadas en el sector asegurador para modelizar la cuantía del siniestro. La distribución gamma tiene la siguiente función de densidad:

$$f(x,\alpha,\beta)=\begin{cases}\dfrac{1}{\beta^{\alpha}\Gamma(\alpha)}x^{\alpha-1}e^{x/\beta} & para\; x>0,\alpha,\beta>0\\ 0 & resto\end{cases}$$

Esta distribución tiene dos parámetros α y β:

- α : Parámetro de forma. Sitúa la máxima intensidad de probabilidad.
  - ◊ Si toma valores cercanos a 0: similar a una distribución exponencial.
  - ◊ Si Toma valores grandes, el centro de la distribución se desplaza a la derecha. Por lo que aparece la campana de Gauss con asimetría positiva.
- β : Parámetro de escala. Determina la forma o alcance de la asimetría positiva desplazando la densidad de probabilidad en la cola de la derecha.
  - ◊ Si toma valores grandes, la distribución acumula más densidad de probabilidad en el extremo derecho de la cola, dispersando la probabilidad a lo largo del plano.
  - ◊ Si toma valores pequeños, la figura es más simétrica y concentrada.

A diferencia de las distribuciones de Poisson, Binomial o de Pareto (que veremos a continuación), la obtención de sus parámetros por máxima verosimilitud es un tema tedioso y de difícil solución (Redchuk y Soria-Martin, 2000). En ese sentido y solo para esta distribución, no se estudiará en términos prácticos la aplicabilidad en Microsoft Excel al tratarse de una distribución compleja y su ejercicio práctico ha de realizarse en otras herramientas informáticas como R, Python o Matlab fuera del alcance de este curso. No obstante, veremos un procedimiento alternativo y válido en la distribución de Pareto para distribuciones de probabilidad continuas.

4.3.2. Distribución de Pareto

La distribución de Pareto fue desarrollada por Vilfredo Pareto que era ingeniero, economista y sociólogo para estudiar la distribución de la riqueza. En otras palabras, quería estudiar cómo estaba distribuida la riqueza de una región. Esta distribución de la riqueza partía de un valor inicial a partir del cual desarrollar la distribución de los ingresos de una determinada población. Se dice que una variable aleatorio X de tipo continuo tiene la siguiente distribución.

$$f(x,k,\alpha) = \frac{\alpha k^{\alpha}}{x^{\alpha+1}}$$

Donde k es el valor mínimo del valor y, por lo tanto, $x \geq k$ y α es un parámetro que determina la forma (también conocido como índice de cola) de la distribución de probabilidad.

La función de distribución que permite calcular la probabilidad acumulada es la siguiente:

$$F(x) = 1 - \left(\frac{k}{x}\right)^{\alpha}$$

En el sector asegurador, esta distribución **es muy utilizada para estudiar siniestros de cola larga o de cola pesada** como, por ejemplo, los seguros de responsabilidad civil o de accidentes corporales.

La obtención de los parámetros de la distribución de Pareto se realiza, en línea con otras distribuciones de probabilidad a través de la estimación por máxima verosimilitud. Dado que se trata de un curso eminentemente práctico omitiremos el proceso matemático y teórico de la obtención de dichos parámetros, que quedan como sigue:

$$\alpha = \frac{1}{\overline{lnx} - lnk}$$

Donde $\overline{lnx} = \frac{1}{n}\sum_{i=1}^{n} lnx_i$.

Por ejemplo, en una asegurado se han establecido que los siniestros superiores a 3.500 € son siniestros graves que merecen ser estudiados a través de una función de distribución de cola larga o pesada como es la distribución de Pareto. Para ello, se parte de un total de 6.523 siniestros, donde los primeros se pueden observar en la Figura 75.

	A	B
1		
2		
3		Siniestros
4		5214,47343
5		11691,8507
6		4148,48397
7		9262,32948
8		4199,15671
9		4879,64114
10		5323,05529
11		8468,78218
12		8214,04979
13		6061,94765
14		87297,5299
15		3641,6481
16		3950,73441
17		5720,595
18		5675,63951
19		4547,96087
20		14504,0804
21		48791,6539
22		14755,937
23		4132,51356
24		5984,4368
25		10067,7738
26		4387,76954
27		8546,15393
28		3733,77124
29		5467,63754

Figura 75. Importe de los siniestros de cola larga. Fuente: Elaboración Propia.

El objetivo es estudiar si los siniestros siguen una distribución de Pareto. Para ello, se realizan todos los siguientes pasos:

- Paso 1: Se obtiene la expresión matemática $\overline{lnx} = \frac{1}{n}\sum_{i=1}^{n} lnx_i$. Para ello, creamos una nueva variable y calculamos el logaritmo neperiano de cada siniestro (. Por ejemplo, la celda D4 (ver Figura 76) se calcula utilizando la siguiente formulación:

+LN(C4)

Una vez calculado el logaritmo neperiano, calculamos la media de los 6.523 siniestros de ese logaritmo neperiano (ver Figura 76), celda D1.

	A	B	C	D	E	F	G	H	I	J
1			Media ->	+PROMEDIO(D4:D6526)						
2										
3			x	Logaritmo						
4			5214,47343	8,55919339						
5			11691,8507	9,36664736						
6			4148,48397	8,33049824						
7			9262,32948	9,13371086						
8			4199,15671	8,342639						
9			4879,64114	8,49282696						
10			5323,05529	8,57980272						
11			8468,78218	9,044142						
12			8214,04979	9,01360136						
13			6061,94765	8,70978642						
14			87297,5299	11,3770774						
15			3641,6481	8,20019163						
16			3950,73441	8,28165677						
17			5720,595	8,6518281						
18			5675,63951	8,64393852						
19			4547,96087	8,42243425						
20			14504,0804	9,5821853						
21			48791,6539	10,7953146						

Figura 76. Paso 1 para el procedimiento del cálculo de los parámetros de una distribución de Pareto. Fuente: Elaboración Propia

- Paso 2: Una vez calculado el primer punto, es necesario calcular el parámetro a través de la expresión matemática vista anteriormente y que en términos de Microsoft Excel se puede observar en la Figura 77.

	A	B	C	D	E	F	G	H	I	J
1			Media ->	8,65865046						
2										
3			x	Logaritmo						
4			5214,47343	8,55919339		alpha	=1/(D1-LN(3500))			
5			11691,8507	9,36664736			LN(número)			
6			4148,48397	8,33049824						
7			9262,32948	9,13371086						
8			4199,15671	8,342639						
9			4879,64114	8,49282696						
10			5323,05529	8,57980272						
11			8468,78218	9,044142						
12			8214,04979	9,01360136						
13			6061,94765	8,70978642						
14			87297,5299	11,3770774						
15			3641,6481	8,20019163						
16			3950,73441	8,28165677						

Figura 77. Paso 2 para el procedimiento del cálculo de los parámetros de una distribución de Pareto. Fuente: Elaboración Propia

El valor de α es de aproximadamente 2.

- Paso 3: Evaluar si los siniestros siguen una distribución de Pareto (ver todo el punto 4.3.3. de este punto).

4.3.3. Contrate no paramétrico para distribuciones continuas

Otro test para realizar un contraste de bondad de ajuste y que evita los problemas de la distribución de la Chi-cuadrado (para edades continuas) es el de Kolmogorov-Smirnov. Se basa en las diferencias máximas (en valor absoluto) entre las frecuencias acumuladas observadas F_{o_i} y las frecuencias acumuladas teóricas F_{T_i}:

$$D = max_{i=1,2,\dots,n}\{|F_{o_i} - F_{T_i}|\}.$$

La distribución de este estadístico, que depende del tamaño de la muestra, es conocida. Existen tablas con los valores para distintos niveles de significación.

El contraste de Kolmogorov-Smirnov es de aplicación fácil, no cambia por reagrupar las categorías (sí cambia su valor numérico, pero no la distribución) y no necesita tamaños de muestra muy grandes. Este contraste solamente lo podemos utilizar para variables aleatorias continuas. Se basa en comparar la función de distribución teórica (propuesta bajo la hipótesis nula, H_0) y la función de distribución empírica de la muestra (la función de distribución acumulativa que se observa en la muestra ordenada). La hipótesis nula será:

H_0: La muestra procede de un modelo continuo F(x)

A partir de la muestra $\{x_1, x_2 \dots, x_n\}$, seguimos los siguientes pasos:

1. La ordenamos $x_{(1)} \leq x_{(2)} \leq \dots \leq x_{(n)}$
2. Construimos la función de distribución empírica:

$$F_n(x) = \begin{cases} 0 & \text{si } x < x_{(1)} \\ \vdots & \vdots \\ \frac{k}{n} & \text{si } x_{(k)} \leq x < x_{(k+1)} \quad k = 1, 2, \dots, n-1 \\ \vdots & \vdots \\ 1 & \text{si } x \geq x_{(n)} \end{cases}$$

Calculamos la discrepancia máxima entre la función de distribución empírica y la teórica, con el estadístico de Kolmogorov-Smirnov:

$$D = max_{i=1,2,\dots,n}\{|F_{o_i} - F_{T_i}|\}.$$

F_{o_i} denota las frecuencias absolutas acumuladas y hay que comparar su valor con unas tablas específicas de este estadístico, pues no sigue ninguna distribución. Para tamaños muestrales superior a 1000, el valor crítico puede obtenerse mediante: $\sqrt{-\ln(\alpha/2)/2n}$ siendo 1- α el nivel de confianza. Lógicamente, se rechaza la hipótesis nula si el estadístico toma un valor superior al de las tablas. Bajo H_0, la muestra fue extraída de la población considerada en dicha hipótesis nula, por lo que las funciones de distribución muestral y teórica serían tan similares que, incluso tomando su máxima distancia, ésta sería suficientemente reducida. Cuando el valor numérico del estadístico excede del valor crítico de las tablas, se considera que no es suficientemente reducido, constituyendo evidencia en el sentido de que las funciones de distribución difieren una de otra y, por ello, la hipótesis nula debe rechazarse.

La distribución del estadístico de Kolmogorov-Smirnov es independiente del tipo de distribución de la que fue extraída la muestra, lo cual es interesante, pues nos permite utilizar una única tabla de valores críticos para este estadístico; de lo contrario, deberíamos tener una tabla para cada tipo de distribución de probabilidad F incluida en H_0. Este contraste puede utilizarse asimismo con distribuciones de tipo discreto, pero entonces sólo podemos decir que α es el máximo nivel de significación del contraste que hayamos diseñado. Para aplicar el contraste con distribuciones continuas es preciso agrupar sus valores en clases o intervalos, con lo que se pierde cierta información. Al utilizar únicamente la información muestral incorporada en la máxima distancia entre las funciones de distribución, este estadístico ignora mucha información muestral, a diferencia del contraste basado en el estadístico X^2 .

Por ejemplo: Las puntuaciones obtenidas por una muestra de sujetos en una prueba de habilidad han sido las siguientes: 48,1; 47,8; 45,1; 46,3; 45,4; 47,2; 46,6; y 46. Sabiendo que la media en dicha prueba es 40 y su desviación típica es 3, ¿podemos afirmar que la distribución de las puntuaciones sigue una distribución de probabilidad normal, con un α = 0,01?

Solución:

1. Hipótesis:

H0: F (X) = Fs (X) de una N(μ, σ)

H1: F (X) ≠ Fs (X) de una N(μ, σ)

2. Muestra: 8 observaciones indep.

3. Tipificamos las puntuaciones para poder trabajar con una N (0,1).

4. Ordenamos las puntuaciones, obtenemos Fs (X) y S (X) y calculamos la diferencia entre ambas para cada valor de X (ver Figura 78).

Valores	Z	$F_s(X)$: $P(Z<z)$. Normal (0,1)	S(x)	|Fs(X) - S(x)|
45,1	1,7	0,9554	0,125	0,8304
45,4	1,8	0,9641	0,25	0,7141
46	2	0,9772	0,375	0,6022
46,3	2,1	0,9821	0,5	0,4821
46,6	2,2	0,9861	0,625	0,3611
47,2	2,4	0,9918	0,75	0,2418
47,8	2,6	0,9953	0,875	0,1203
48,1	2,7	0,9965	1	0,0035

Figura 78. Comparación entre la función de distribución empírica y la observada. Fuente: Elaboración Propia

TAMAÑO DE MUESTRA	NIVEL DE SIGNIFICANCIA α				
n	0.2	0.1	0.05	0.02	0.01
1	0.9	0.1	0.975	0.99	0.995
2	0.684	0.776	0.842	0.9	0.929
3	0.565	0.636	0.708	0.689	0.829
4	0.493	0.565	0.624	0.689	0.829
5	0.477	0.509	0.563	0.627	0.669
6	0.41	0.468	0.519	0.577	0.617
7	0.381	0.436	0.483	0.538	0.576
8	0.359	0.41	0.454	0.507	0.542
9	0.339	0.387	0.43	0.48	0.513
10	0.323	0.369	0.409	0.457	0.486
11	0.308	0.352	0.391	0.437	0.468
12	0.295	0.338	0.375	0.419	0.449
13	0.285	0.325	0.361	0.404	0.432
14	0.275	0.314	0.349	0.39	0.418
15	0.266	0.304	0.338	0.377	0.404
20	0.232	0.265	0.294	0.329	0.352
25	0.208	0.238	0.264	0.295	0.317
30	0.19	0.218	0.242	0.27	0.29
40	0.165	0.189	0.21	0.235	0.252
n grande	$1.07/n^{1/2}$	$1.22/n^{1/2}$	$1.36/n^{1/2}$	$1.52/n^{1/2}$	$1.63/n^{1/2}$

Figura 79. Extracto de cualquier distribución Kolmogorov-Smirnos sobre Bondad de Ajuste

Para $\alpha = 0{,}01$ y $n = 8$ en la tala encontramos un valor de 0,542, por tanto, se rechaza H_0 (ver Figura 79).

Una vez entendido y desarrollado el contraste de Kolmogorov-Smirnov, procedemos a realizar el ejemplo de la distribución de Pareto. Recordemos que el contraste a realizar es el siguiente:

H_0: F (X) = Fs (X) de una Pareto (k=3.500, $\alpha = 2$)

H_1: F (X) ≠ Fs (X) de una Pareto (k=3.500, $\alpha = 2$)

Para su desarrollo, realizamos los siguientes pasos:

- Paso 1: La ordenamos $x_{(1)} \leq x_{(2)} \leq \ldots \leq x_{(n)}$, es decir, ordenamos los valores de menor a mayor a través de un filtro (ver Figura 80).

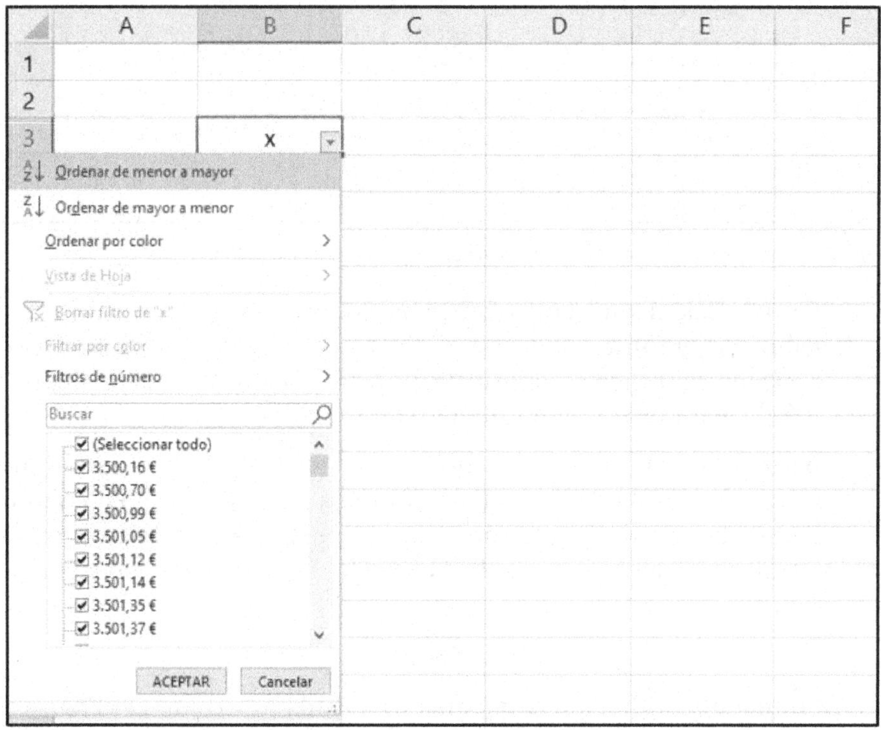

Figura 80. Ordenar los siniestros de menor a mayor. Fuente: Elaboración Propia

- Paso 2: Construimos la función de distribución empírica. Para ello, en primer lugar, creamos la columna C (Valores), ver Figura 81, que es una sucesión aritmética de valores desde el 1 hasta el último siniestro que ocupa la posición 6523, realizado con la función en Microsoft

Excel *CONTARA*[23]. Posteriormente, creamos la columna D que no es más que la columna C (Valores) dividido por el total de datos. Se trata de calcular la probabilidad acumulada hasta ese determinado siniestro.

	A	B	C	D	E	F	G	H	I
1									
2									
3		x	Valores	Distribución Teórica					
4		3.500,16 €	1	=+C4/CONTARA($C$4:$C$6526)					
5		3.500,70 €	2	CONTARA(valor1; [valor2]; ...)					
6		3.500,99 €	3						
7		3.501,05 €	4						
8		3.501,12 €	5						
9		3.501,14 €	6						
10		3.501,35 €	7						
11		3.501,37 €	8						
12		3.501,64 €	9						
13		3.502,05 €	10						
14		3.502,08 €	11						
15		3.502,23 €	12						
16		3.502,49 €	13						
17		3.503,07 €	14						
18		3.503,31 €	15						
19		3.503,55 €	16						
20		3.504,23 €	17						

Figura 81. Construimos la función de distribución empírica. Fuente: Elaboración Propia

- Paso 3: Calculamos la discrepancia máxima entre la función de distribución empírica y la teórica, con el estadístico de Kolmogorov-Smirnov. La función de distribución teórica ha sido calculada en el Paso 2, para proceder a calcular la función de distribución empírica partimos de la función de distribución: $F(x) = 1 - \left(\frac{k}{x}\right)^{\alpha}$, donde sustituimos k = 3.500 € y α ≈ 2 (ver Columna E, Figura 81). La columna F mide la diferencia, en valor absoluto, entre la distribución teórica y la distribución empírica. Por ejemplo, la celda F4 se calcula como sigue:

=ABS(D4-E4)

Por último, la discrepancia máxima observada, ver celda H4 Figure 82, se calcula como el máximo entre la columna F atendiendo a la siguiente formulación en Microsoft Excel:

=MAX(F4:F6526)

---

23 Cuenta el número de valores en una matriz de datos.

	A	B	C	D	E	F	G	H	I	J
1				k->	3.500 €					
2				alpha->	2,01					
3		x	Valores	Distribución Teórica	Distribución empírica	Discrepancia		Discrepancia máxima		
4		3.500,16 €	1	0,000153304	=1-($E$1/B4)^$E$2	0,0000642		0,0062371		
5		3.500,70 €	2	0,000306607	0,0004002	0,0000936				
6		3.500,99 €	3	0,000459911	0,0005672	0,0001073				
7		3.501,05 €	4	0,000613215	0,0005996	0,0000136				
8		3.501,12 €	5	0,000766518	0,0006427	0,0001238				
9		3.501,14 €	6	0,000919822	0,0006546	0,0002652				
10		3.501,35 €	7	0,001073126	0,0007755	0,0002976				
11		3.501,37 €	8	0,00122643	0,0007836	0,0004429				
12		3.501,64 €	9	0,001379733	0,0009415	0,0004383				
13		3.502,05 €	10	0,001533037	0,0011752	0,0003579				

Figura 82. Calculamos la discrepancia máxima entre la función de distribución empírica y la teórica. Fuente: Elaboración Propia

- Paso 4: Comparación con el valor del estadístico de Kolmogorov-Smirnov. Como $n > 50$, en concreto, $n = 6523$, para un nivel de significación estándar del 0,05, el valor de la tabla se calcula como sigue: $\frac{1{,}36}{\sqrt{n}} = \frac{1{,}36}{\sqrt{6523}} = 0{,}016715$ (ver Figura 78). En Microsoft Excel, se calcula según lo observado en la Figura 83, celda I4.

	A	B	C	D	E	F	G	H	I	J	K	L
1				k->	3.500 €							
2				alpha->	2,01							
3		x	Valores	Distribución Teórica	Distribución empírica	Discrepancia		Discrepancia máxima	Valor Tabla			
4		3.500,16 €	1	0,000153304	0,0000891	0,0000642		0,0062371	=1,35/RAIZ(CONTARA(D4:D6526))			
5		3.500,70 €	2	0,000306607	0,0004002	0,0000936						
6		3.500,99 €	3	0,000459911	0,0005672	0,0001073						
7		3.501,05 €	4	0,000613215	0,0005996	0,0000136						
8		3.501,12 €	5	0,000766518	0,0006427	0,0001238						
9		3.501,14 €	6	0,000919822	0,0006546	0,0002652						
10		3.501,35 €	7	0,001073126	0,0007755	0,0002976						
11		3.501,37 €	8	0,00122643	0,0007836	0,0004429						
12		3.501,64 €	9	0,001379733	0,0009415	0,0004383						
13		3.502,05 €	10	0,001533037	0,0011752	0,0003579						
14		3.502,08 €	11	0,001686341	0,0011903	0,0004960						
15		3.502,23 €	12	0,001839644	0,0012752	0,0005645						

Figura 83. Cálculo del valor del estadístico de Kolmogorov-Smirnov. Fuente: Elaboración Propia

Como el valor de la discrepancia máxima (0,006) es menor que el valor del estadístico de Kolmogorov-Smirnov (), no se rechaza la hipótesis nula. Por lo tanto, podemos asumir que los datos siguen una distribución de Pareto.

4.4. EJERCICIOS TEMA 4

Ejercicio 1. En el fichero "Tema 4. Ejercicios.xlsx", en la hoja "Ejercicio 1" puedes encontrar un total de 263.617 siniestros de un seguro de hogar. Se pide analizar si dichos siniestros siguen una distribución de Poisson. Para ello, calcular:

a. Estimador por máxima verosimilitud

b. Probabilidades teóricas de la distribución

c. Frecuencias teóricas de la distribución

d. ¿Ajusta a una distribución de Poisson? Realiza el contraste no paramétrico adecuado y razona la respuesta

Ejercicio 2. En el fichero "Tema 4. Ejercicios.xlsx", en la hoja "Ejercicio 2" puedes encontrar un total de 100 siniestros de un seguro de responsabilidad civil para importes superiores a 15.000 €. Se pide analizar si dichos siniestros siguen una distribución de Pareto. Para ello, calcular:

a. Estimador por máxima verosimilitud

b. Probabilidades teóricas de la distribución

c. Frecuencias teóricas de la distribución

d. ¿Ajusta a una distribución de Pareto? Realiza el contraste no paramétrico adecuado y razona la respuesta

Tema 5

Excel aplicado en el marco de Solvencia II

En el año 2001 la Unión Europea lanzó el proyecto de Solvencia II. Fue una iniciativa que surgió para establecer un esquema común en la administración de riesgos de las compañías de seguros y reaseguros, a través de la definición del requerimiento de capital de solvencia, así como la instalación de procesos y procedimientos para identificar, medir y gestionar los niveles de riesgo asumidos. Esta iniciativa ha sido aceptada internacionalmente y entró en vigor pasado 1 de enero del 2016. Solvencia II aplica obligatoriamente a todas las empresas de seguros y reaseguros con un ingreso bruto superior a 5 millones de euros de prima o con unas provisiones técnicas de 25 millones de euros. En caso de ser inferior se aplica un régimen especial. Aplica algunos países Latinoamericanos.

Es importante resaltar que uno de los principales objetivos de Solvencia II es el desarrollo y establecimiento de un sistema que permita medir los recursos necesarios para garantizar la solvencia de una aseguradora en función de sus riesgos asumidos. Desde la entrada de Solvencia II la viabilidad de la entidad no está basada únicamente en datos financieros (enfoque clásico observado durante Solvencia I) sino que deben considerarse otros aspectos, tales como su exposición al riesgo, tamaño, estrategias, políticas de protección en reaseguro, etc.

Con la instrumentación de Solvencia II se busca (i) lograr que las compañías mantengan un nivel económico acorde con los compromisos asumidos y analizar cómo está afrontando los distintos riesgos que asume, (ii) la capacidad de gestión de los mismos y (iii) la incidencia que tienen sus distintas líneas de negocio. Todo ello con el objetivo de determinar el importe de recursos propios que debe destinar para sus coberturas.

Así, lo que se busca es:

- Reducir el riesgo de que una compañía no sea capaz de hacer frente a sus obligaciones.
- Disminuir las pérdidas asumidas por los asegurados, en caso de que una compañía no sea capaz de hacer frente completamente a todas sus obligaciones.

- Ofrecer un sistema de aviso (preventivo) que permita a los reguladores actuar inmediatamente, en caso de que el capital a mantener caiga por debajo de los niveles (umbrales) mínimos requeridos.
- Fomentar la confianza en la estabilidad financiera del sector asegurador.
- Mejorar la eficiencia en los mercados. Establecer requerimientos de capital más acordes con el perfil de riesgo específico de las compañías.
- Un Gobierno Corporativo sólido.
- Mayor transparencia y revelación de información a los participantes del mercado.

Es evidente que, con las bases mencionadas, se logra mejorar la protección tanto de los asegurados como de los beneficiarios, así como la rentabilidad de las aseguradoras. También se logra incrementar la transparencia hacia los aseguradores en sus comunicaciones públicas y privadas.

La iniciativa de Solvencia II está diseñada sobre tres pilares de actuación:

Pilar I: Requerimientos de capital cuantitativos: El objetivo es demostrar que los recursos financieros de la entidad aseguradora son adecuados. Por tanto, se implanta un proceso de análisis de las reservas, activos y pasivos necesarios para cubrir las obligaciones asumidas en las pólizas, así como cuantificar los requerimientos de capital para enfrentar los riesgos asumidos. Para ello, se calculan los siguientes conceptos: Solvency Capital Requirement *SCR* y Minimum Capital Requirement *MCR*.

– El SCR representa el nivel de recursos propios que permite a una entidad hacer frente a pérdidas de cuantía significativa e inesperada.

– El MCR representa el nivel de capital por debajo del cual el supervisor debería establecer la adopción de medidas especiales con el objetivo de proteger los derechos de los asegurados garantizando la solvencia de la Entidad.

Pilar II: Requerimientos de capital cualitativos: Consiste en definir las reglas de supervisión, control interno y gobierno corporativo. El proceso debe tener en cuenta todos los riesgos relevantes para la Entidad (riesgo técnico, mercado, operacional, crédito, liquidez, reputacional etc.).

Dentro del Pilar II encontramos un modelo o proceso denominado ORSA (Evaluación Interna de los Riesgos y la Solvencia) que deben llevar a cabo todas las compañías. El ORSA es el núcleo principal del nuevo sistema de evaluación de riesgos que introduce Solvencia II. Su principal objetivo es que la propia compañía realice un proceso de auto evaluación de los riesgos que pueden poner en peligro la viabilidad de la entidad y el cumplimiento de sus obligaciones estratégicas, así como los posibles planes de acción. Gracias a este documento, la dirección de la compañía posee de una herramienta fuerte y sólida que asegura el entendimiento global de los riesgos asumidos.

Pilar III: Disciplina de mercado: Las entidades aseguradoras tienen el deber de informar al mercado con el objetivo de procurar transparencia y confianza.

Dentro de este pilar III encontramos una herramienta fundamental que deben elaborar las aseguradoras en este ámbito es un informe sobre la Situación Financiera y de Solvencia (SFCR). Se trata de un documento en el que el asegurador realiza una valoración pública, en un momento concreto del tiempo (anual), de su situación de solvencia, de su sistema de gestión basado en riesgos y del resultado de todo ello. Gracias a este documento, se proporciona al público una información amplia sobre la situación de solvencia de las compañías aseguradoras que ayudará a:

aseguradoras que ayudará a:

- Mayor transparencia del sector.
- Todas las aseguradoras dispondrán de una misma información que sea comparable, que les permitirá formar su propia opinión sobre la solvencia de dicha compañía aseguradora.
- Los inversores incentivarán la adopción de prácticas prudentes de gestión de riesgos, premiando con costes de financiación más bajos a las empresas mejor gestionadas, lo que redundará en una mayor estabilidad y fiabilidad del sector asegurador.

Dentro del Pilar I, el capital requerido bajo Solvencia II o SCR puede calcularse de acuerdo a la fórmula estándar o, en caso de cumplirse los requisitos exigidos por el regulador, con el modelo interno desarrollado por la propia entidad. En cualquier caso, el cálculo del SCR se fundamenta en el cálculo de la famosa Best Estimate Liabilities (en adelante, BEL) que permite medir la provisión en términos de Solvencia II.

En este tema, estudiaremos los cálculos de la BEL para productos de vida-riesgo (punto 5.2), para productos de vida-ahorro (punto 5.3) y para productos de no-vida (punto 5.4).

5.2. BEST ESTIMATE LIABILITIES. VIDA-RIESGO

5.2.1. BEL. Temporal Anual Renovable

Dentro del marco de los seguros de vida-riesgo, el seguro Temporal Anual Renovable (TAR) es uno de los más vendidos a nivel mundial. A partir del cobro de una prima anual renovable, los beneficiarios del asegurador designado en la póliza de seguros (en el momento de la emisión) se garantizan el cobro de una suma asegurada en caso de fallecimiento.

En el Tema 2 de este curso se ha obtenido el cobro de la prima pura o de riesgo. En el Tema 3 se ha calculado la provisión que genera este tipo de producto asegurador, en concreto, una provisión para primas no consumidas (PPNC). En este tema, trataremos el cálculo de la prima comercial, como paso previo a la prima de recibo, y calcularemos el BEL del producto.

Al tratarse de un proceso elaborado, y quizá largo a la hora de explicar, realizaremos el cálculo teórico-práctico, es decir, iremos introduciendo cada concepto tanto de manera teórica como de manera práctica. Así, planteamos el siguiente ejemplo de un seguro de vida-riesgo.

Ejemplo. Se desea calcular, a fecha 31/12/2022, el BEL del siguiente asegurado. Una mujer de 46 años ha contratado un seguro temporal anual renovable de 50.000 €.

Las características de la política de suscripción son las siguientes:

Política de suscripción	
Edad máx renovación fallecimiento	80
% GI prima	10%
% GE prima	20%
Capital de Fallecimiento	50.000 €

Tabla 5. Datos de la política de suscripción de una asegurada de 46 años de edad. Fuente: Elaboración propia.

Los gastos internos (% gi) que aplica la compañía aseguradora[24] a la asegurada son del 10% y los gastos externos (% ge) que aplica la compañía aseguradora[25] es del 25%. La edad máxima que la compañía le da cobertura a la aseguradora es hasta los 80 años de edad. A partir de ese momento la aseguradora deja de proporcionar cobertura a la asegurada y deja de existir relación contractual entre las dos partes (asegurado y compañía de seguros).

La anterior política de suscripción permite proyectar las primas comerciales futuras (ver Figura 83). Las columnas E y F son conocidas porque se han rellenado a lo largo de todo el curso. La columna H corresponde a la probabilidad de que una persona de edad x no alcance la edad $x+1$, donde la prima que se le aplica al asegurado no se puede discriminar por sexos en Europa. Por ese motivo, se utilizan las tablas de mortalidad Unisex[26].

La columna I se trata del cálculo de la prima pura (vista en el Tema 2). La columna J tiene como objetivo calcular la prima comercial de fallecimiento[27]

$$Prima\ Fall\ Comercial = \frac{Prima\ Fall}{(1 - \%ge - \%gi)}$$

Desde el punto de vista de Microsoft Excel, quedaría como sigue:

=I6/(1-$C$11-$C$12)

24 Le permite pagar los gastos de sueldos y salarios, alquileres, equipos informáticos, suministros (agua, luz)...etc. Son denominados gastos de administración.

25 Le permite pagar a los agentes de seguros, corredores, brokers...etc por la venta del producto de seguros. Son también denominados gastos comerciales o de adquisición.

26 En ese caso se ha empleado un 50% de las tablas de mortalidad de los hombres y un 50% de la tabla de mortalidad de las mujeres.

27 A esta prima, habría que añadir los impuestos legalmente repercutidos (depende de cada país) y obtendríamos la prima de recibo que es realmente la prima que termina pagando el asegurador cada uno de los periodos de tiempo.

Política de suscripción	Datos
Fecha de valoración	31/12/2022
Años a proyectar	80
Impuestos	25
Edad	46,00
Sexo (V/M)	V
Capital por Fallecimiento	50.000,00 €
Gastos internos	10%
Gastos Externos	25%

Solvencia II	Datos
Caída de cartera	10%
Tabla de mortalidad	50%
Gastos Fijos	10 €

Año Póliza	Edad actuarial	Póliza en vigo	qx	Prima pura Fallecimiento	Prima Comercial
0	46		0,00099		
1	47	1	0,00116	57,80 €	88,92 €
2	48	1	0,00134	66,93 €	102,97 €
3	49	1	0,00154	77,20 €	118,78 €
4	50	1	0,00177	88,50 €	136,15 €
5	51	1	0,00195	97,57 €	150,11 €
6	52	1	0,00214	107,17 €	164,87 €
7	53	1	0,00234	117,22 €	180,34 €
8	54	1	0,00255	127,71 €	196,47 €
9	55	1	0,00277	138,67 €	213,34 €
10	56	1	0,00300	150,22 €	231,11 €
11	57	1	0,00325	162,47 €	249,95 €
12	58	1	0,00351	175,55 €	270,08 €
13	59	1	0,00379	189,60 €	291,69 €
14	60	1	0,00409	204,72 €	314,96 €
15	61	1	0,00442	221,06 €	340,09 €
16	62	1	0,00478	238,77 €	367,34 €
17	63	1	0,00516	258,08 €	397,05 €
18	64	1	0,00558	279,23 €	429,59 €
19	65	1	0,00605	302,53 €	465,43 €
20	66	1	0,00657	328,31 €	505,09 €
21	67	1	0,00714	357,04 €	549,30 €
22	68	1	0,00779	389,31 €	598,94 €
23	69	1	0,00852	425,83 €	655,12 €
24	70	1	0,00935	467,48 €	719,20 €

Figura 84. Cálculos de la prima comercial según la política de suscripción de una asegurada de 46 años de edad. Fuente: Elaboración propia.

Una vez obtenida la parte local (parte de suscripción) procedemos al cálculo de la BEL de este producto. Los datos iniciales, que definen las hipótesis *best-estimate* y que posteriormente se utilizarán y se explicarán en los cálculos, son los siguientes:

Solvencia II	Datos
Caída de cartera	10%
Tabla de mortalidad	50%
Gastos Fijos	10 €

Tabla 6. Datos de las hipótesis best-estimate de Solvencia II relativos a una asegurada de 46 años de edad. Fuente: Elaboración propia.

Para calcular dicha BEL, requerimos realizar una serie de pagos que combinan probabilidades e importes[28]:

[28] Nótese que para poder proyectar todos los flujos hasta la edad límite la compañía aseguradora renuncia a modificar la política de precios determinada al inicio de la relación contractual, es decir, las primas que va a pagar son conocidas por el asegurado en el momento inicial.

- Paso 1. (Columna L, ver Figura 85). Cálculo del número de personas a una determinada edad x, l_x. En el cálculo de las provisiones (BEL) sí es posible diferenciar por género. Por ese motivo, emplearemos las tablas de mortalidad distinguiendo entre sexos. Así, la formulación empleada, por ejemplo, para la celda L4, en Microsoft Excel es la siguiente:

  =SI.ERROR(BUSCARV(F4;'Tablas de mortalidad'!$B$4:$E$124;SI($C$8="H";3;4);0);0)

- Paso 2. (Columnas M y N, ver Figura 85). A partir del cálculo de la l_x(Paso 1) se obtiene las probabilidades de supervivencia, ${}_tp_x$ (por ejemplo, la celda M4, ver Figura 2) queda:

  =L4/$L$4

  Y las probabilidades de fallecimiento,q_x, (por ejemplo, la celda N5, ver Figura 84) se calcula como:

  =SI.ERROR(1-L6/L5;0)

- Paso 3. (Columna O). Probabilidad best-estimate. Se trata del porcentaje de mortalidad que la compañía presenta en su histórico de siniestros comparada con la mortalidad que indica la normativa reguladora[29]. En este caso, se ha asumido que la mortalidad real es el 50% de la mortalidad de la tabla de mortalidad. En términos de Microsoft Excel, por ejemplo, para la celda O5 (ver Figura 85) se plasmaría como sigue:

  =N5*$C$16

---

29 En España, las tablas de mortalidad están recogidas en la Disposición Adicional quinta de la Ley de Ordenación, Supervisión y Solvencia de las Entidades Aseguradoras y Reaseguradoras (LOSSEAR) y desarrolladas en el artículo 133 del Reglamento de Ordenación, Supervisión y Solvencia de las Entidades Aseguradoras y Reaseguradoras (ROSSEAR). Cabe destacar que el pasado 17 de diciembre de 2020, la DGSFP hacía pública la resolución BOE-A-2020-17154 referente a la aplicación de las nuevas tablas de mortalidad. Entre ellas se encontraba la nueva tabla de mortalidad PASEM 2020. Estas tablas de mortalidad han de utilizarse para seguros de fallecimiento. La resolución incluía la tabla PASEM_2020_1er.orden para calcular el precio del seguro (proceso de tarificación, Pricing) y la tabla PER2020_Ind_2ndo.orden como admisibles para el cálculo de la mejor estimación de las provisiones técnicas a efectos de solvencia (proceso de reservas, Reserving).

- Paso 4. (Columnas P y Q, ver Figura 84). Se obtienen directamente de la columna O (Paso 3).

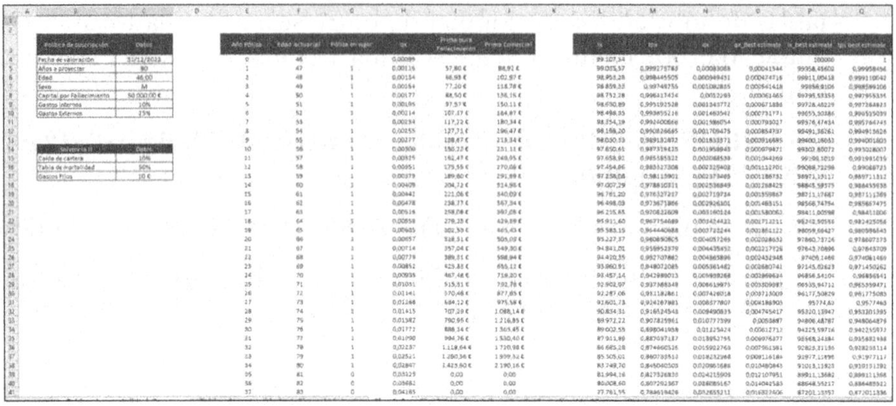

Política de suscripción	Datos
Fecha de valoración	31/12/2022
Años a proyectar	30
Edad	46,00
Sexo	M
Capital por Fallecimiento	50.000,00 €
Gastos internos	10%
Gastos Externos	15%

Solvencia II	Datos
Caída de cartera	10%
Tabla de mortalidad	90%
Gastos Fijos	10 €

Año póliza	Edad actuarial	Póliza en vigor	qx	Prima pura Fallecimiento	Prima Comercial	lx	tpx	dx	qx_best estimate	lx_best estimate	tpx best estimate
0	46		0,00099			99.107,34	1			100000	1
1	47	1	0,00116	57,80 €	88,92 €	99.035,57	0,999275783	0,00083088	0,00041544	99958,45602	0,99958456
2	48	1	0,00134	66,93 €	102,97 €	98.953,25	0,998445505	0,000949451	0,000474716	99911,09418	0,999110942
3	49	1	0,00154	77,20 €	118,78 €	98.859,33	0,99748756	0,001082835	0,000541418	99858,9106	0,998589106
4	50	1	0,00177	88,50 €	136,15 €	98.752,28	0,996417436	0,0012293	0,00061465	99795,53358	0,997955336
5	51	1	0,00195	97,57 €	150,11 €	98.630,89	0,995192528	0,001343772	0,000671886	99728,48229	0,997284823
6	52	1	0,00214	107,17 €	164,87 €	98.498,05	0,993855216	0,001463542	0,000731771	99655,30286	0,996553029
7	53	1	0,00234	117,22 €	180,34 €	98.354,19	0,992400666	0,001586054	0,000793027	99576,47434	0,995764743
8	54	1	0,00255	127,71 €	196,47 €	98.198,20	0,990826665	0,001709475	0,000854737	99491,36261	0,994913626
9	55	1	0,00277	138,67 €	213,34 €	98.030,33	0,989132872	0,001833371	0,000916685	99400,18053	0,994001805
10	56	1	0,00300	150,22 €	231,11 €	97.850,61	0,987319435	0,001958943	0,000979471	99302,80072	0,993028007
11	57	1	0,00325	162,47 €	249,95 €	97.658,92	0,985385322	0,002088538	0,001044269	99199,1019	0,991991019
12	58	1	0,00351	175,55 €	270,08 €	97.454,06	0,983327308	0,002225402	0,001112701	99088,72298	0,99088723
13	59	1	0,00379	189,60 €	291,69 €	97.238,08	0,98113901	0,002373465	0,001186732	98971,13117	0,989711312
14	60	1	0,00409	204,72 €	314,95 €	97.007,29	0,978810311	0,002536849	0,001268425	98845,59575	0,988455958
15	61	1	0,00441	221,06 €	340,09 €	96.761,20	0,976327217	0,002719734	0,001359867	98711,17687	0,987111769
16	62	1	0,00478	238,77 €	367,34 €	96.498,03	0,973673866	0,002926301	0,001463151	98568,74754	0,985687475
17	63	1	0,00516	258,08 €	397,05 €	96.215,85	0,970822609	0,003160124	0,001580062	98411,00598	0,98411006
18	64	1	0,00558	279,25 €	429,89 €	95.911,60	0,967754689	0,003424421	0,001712211	98242,50556	0,982425056
19	65	1	0,00605	302,53 €	465,43 €	95.583,15	0,964440688	0,003722244	0,001861122	98059,66427	0,980596643
20	66	1	0,00657	328,51 €	505,09 €	95.227,37	0,960890805	0,004057265	0,002028632	97860,73726	0,978607373
21	67	1	0,00714	357,04 €	549,30 €	94.841,01	0,956952379	0,004435452	0,002217726	97643,70896	0,97643709
22	68	1	0,00779	389,31 €	598,94 €	94.420,35	0,952707882	0,004865896	0,002432948	97406,1469	0,974061469
23	69	1	0,00852	425,83 €	655,12 €	93.960,91	0,948072085	0,005361482	0,002680741	97145,02623	0,971450262
24	70	1	0,00935	467,48 €	719,20 €	93.457,14	0,942988013	0,005939268	0,002969624	96856,54104	0,96856541
25	71	1	0,01031	515,51 €	792,78 €	92.902,97	0,937368548	0,006619975	0,003309987	96535,94712	0,965359471
26	72	1	0,01141	570,46 €	877,65 €	92.287,06	0,931182861	0,007426018	0,003713009	96177,50829	0,961775083
27	73	1	0,01268	634,12 €	975,58 €	91.601,73	0,924267881	0,008377807	0,004188903	95774,63	0,9577463
28	74	1	0,01415	707,29 €	1.088,14 €	90.834,31	0,916524548	0,009490835	0,004745417	95320,13947	0,953201395
29	75	1	0,01582	790,95 €	1.216,85 €	89.972,22	0,907825961	0,01077399	0,005386997	94806,48787	0,948064879
30	76	1	0,01777	888,34 €	1.366,45 €	89.002,58	0,898041958	0,01225424	0,00612712	94225,59716	0,942255972
31	77	1	0,01990	994,76 €	1.530,40 €	87.911,89	0,887097187	0,013952755	0,006976377	93568,24384	0,935682438
32	78	1	0,02237	1.118,64 €	1.720,98 €	86.685,28	0,874660526	0,015922763	0,007961381	92823,21136	0,928232114
33	79	1	0,02521	1.260,36 €	1.939,32 €	85.305,01	0,860733513	0,018232968	0,009116184	91977,11896	0,91977117
34	80	1	0,02847	1.423,60 €	2.190,16 €	83.749,70	0,845040505	0,020961686	0,010480843	91013,11923	0,910131192
35	81	0	0,03125	0,00	0,00	81.994,16	0,827526830	0,024215905	0,012107951	89911,13682	0,899111368
36	82	0	0,03681	0,00	0,00	80.008,60	0,807292367	0,028085167	0,014042583	88648,55217	0,886485522
37	83	0	0,04185	0,00	0,00	77.761,55	0,784619426	0,032655211	0,016327606	87201,13357	0,872011336

Figura 85. Datos de la política de Solvencia II (parte 1) relativos a una asegurada de 46 años de edad. Fuente: Elaboración propia.

- Paso 5 (Columna R y S, ver Figura 86). Tiene en cuenta las pólizas en vigor en una determinada fecha, que podemos denotar como γ_t. Tiene en cuenta dos componentes:

  ◊ La probabilidad de (supervivencia), es decir, que la persona haya llegado con vida a dicha edad.

  ◊ La probabilidad de caída de cartera(δ). Esta probabilidad mide la sensibilidad que tiene el cliente de renovar o no la póliza el siguiente año. Puede no renovarla porque no quiere seguir con el seguro o porque ha contratado el producto con la competencia. Esta hipótesis se mide en términos porcentuales y suele calcularse internamente cada año (incluso por producto o tipología de productos). En términos cuantitativos se calcula como sigue:

$$\gamma_t = {}_t p_x \cdot (1-\delta)^{-t}$$

Las pólizas en vigor en inicio del periodo *t* (columna S) no son más que las pólizas en vigor al final del periodo *t-1* (columna R). En términos de Microsoft Excel, la celda R5 queda:

=Q5*(1-$C$15)^E5*G5

- Paso 6 (Columna T, ver Figura 86). El flujo de prima Pura, . Se calcula como la prima pura de la política de suscripción por las pólizas en vigor en el momento t, (Paso 5). En términos cuantitativos se calcula como sigue:

$$FP = \Upsilon_t . P$$

En términos de Microsoft Excel, la celda T5 queda:

=R5*I5*G5

Nótese que, en todo momento, se multiplican las cantidades anteriores y siguientes por la variable binaria (1,0) de póliza en vigor.

- Paso 7 (Columna U, ver Figura 86). Se calculan los flujos de gastos internos y externos por las pólizas en vigor en el momento t. Los gastos internos y externos se calculan como la prima comercial menos la prima pura.

$$Fgi, ge = (FP'' - FP) . \Upsilon_t$$

En términos de Microsoft Excel, la celda U5 queda:

=(J5-I5)*R5

- Paso 8 (Columna V, ver Figura 86). Death Benefit. Se calcula el flujo de pago por siniestro que espera la compañía por término medio. Se calcula como el Capital asegurado, C, por la hipótesis de probabilidad best-estimate de fallecimiento, q_x^{best} por las pólizas en vigor en el momento t, Υ_t. En términos matemáticos la expresión es la siguiente:

$$FDB = C \cdot q_x^{best} \cdot \Upsilon_t$$

En términos de Microsoft Excel, la celda V5 queda:

=O5*$C$9*R5

- Paso 9 (Columna W, ver Figura 86). Gastos Fijos. Mide en términos de Solvencia II el gasto fijo (en términos de gastos internos) reales que tiene la compañía por cada póliza de seguros que comercializa. Este gasto es una hipótesis best-estimate y se suele calcular anualmente por el departamento técnico actuarial. El flujo probable de gastos, *FG*, se calcula como el importe fijo, *Gasto*, por las pólizas en vigor en el momento t, Υ_t. En términos matemáticos la expresión queda como sigue:

$$FG = Gasto \cdot \Upsilon_t$$

En términos de Microsoft Excel, la celda W5 queda:

=R5*$C$17

- Paso 10 (Columna X, ver Figura 86). Gasto externo. Mide solo el gasto externo pagado por la comercialización del producto. Se calcula como el flujo de prima comercial definido en la política de suscripción, FP'', por el % de gasto externo, *%ge*, por las pólizas en vigor en el momento t, Υ_t. En términos matemáticos la expresión es la siguiente:

$$FGe = FP'' \cdot \%ge \cdot \Upsilon_t$$

En términos de Microsoft Excel, la celda X5 queda:

=J5*$C$11*R5

Nótese que, como veremos en la columna AA "Flujo" (ver Figura 86), los gastos externos entran como ingreso (del asegurado) y salen como gasto de comisión al intermediario. Por lo tanto, no tienen impacto en la BEL.

- Paso 11 (Columna Y, ver Figura 86). Mide la curva Forward[30] a través de la siguiente expresión matemática:

---

[30] El tipo de interés forward hace referencia siempre a un plazo futuro y se obtiene a partir de dos tipos de interés al contado con diferentes plazos (Navarro, 2019). Si disponemos de tipos de interés al contado, $R_{t_1}, R_{t_2}, R_{t_3}, \ldots, R_{t_k}$ y definimos t=0 como comento actual. Para un o < t_1 <t_2 , el tipo de interés forward para el plazo $[t_1, t_2]$,denotado como $F\, t_1.\, t_2$, se obtiene utilizando la siguiente expresión matemática:

$$(1 + R_{t_2})^{t_2} = (1 + R_{t_1})^{t_1}(1 + F_{t_1,t_2})^{(t_2 - t_1)}$$

Como otros autores definen, si operamos la expresión matemática anterior, se puede obtener el tipo de interés forward:

$$F_{t_1,t_2} = \left[\frac{(1 + R_{t_2})^{t_2}}{(1 + R_{t_1})^{t_1}}\right]^{\frac{1}{t_2 - t_1}}$$

$$F_{t-1,t} = \frac{(1 + R_t)^t}{(1 + R_{t-1})^{t-1}} - 1$$

Los tipos spot y los tipos forward calculados a partir de dichos tipos spot se encuentran recogidos en la hoja "Tipos de interés" y se trasladan a la hoja de cálculo a través de una función *buscarv*. Esta curva de descuento se publica por EIOPA con periodicidad mensual y ha de obtenerse y modificarse cada vez que se calcula la BEL.

$$F_{t-1,t} = \frac{(1+R_t)^t}{(1+R_{t-1})^{t-1}} - 1$$

- Paso 12 (Columna Z, ver Figura 86). Factor de descuento, $v(\mathrm{t})$, de actualización de cada uno de los flujos. Se calcula como el tipo forward calculado en el Paso 11, actualizado *t* periodos de tiempo.

$$v(\mathrm{t}) = (1 + \mathrm{F}_{\mathrm{t-1,t}})^{-\mathrm{t}}$$

En términos de Microsoft Excel, la celda Z5 queda:

=(1+Y5)^-E5

- Paso 13 (Columna AA, ver Figura 86). Calcula el Flujo Probable Total. Este tiene en cuenta las partidas que son un ingreso para la compañía aseguradora en signo negativo (flujo de primas puras y flujo de gastos internos y externos). Al ser un ingreso para la compañía es una menor obligación con sus asegurados en términos de provisión. En signo positivo, tenemos en cuenta todos aquellos flujos de caja que van a suponer una salida de efectivo para la compañía aseguradora (death benefit, gastos fijos y gastos externos). En términos matemáticos la expresión queda como sigue:

$$FP = -(FP + Fgi, ge) + (FDB + FG + FGe)$$

En términos de Microsoft Excel, la celda AA5 queda:

=-T5-U5+V5+W5+X5

- Paso 14 (Columna AB, ver Figura 86). Cálculo de la provisión BEL. No es más que la suma de los *n* Flujos Probables (FP) actualizados con la curva de descuento hasta cada momento temporal. En términos matemáticos la expresión es la siguiente:

$$BEL = \sum_{i=1}^{n} FP_i \cdot v(i) = \sum_{i=1}^{n} FP_i \cdot (1 + F_{t-1,t})^{-t}$$

——— Quiero Saber más———

Todas las curvas de descuento para todos los plazos las pueden encontrar en la siguiente página web:
eiopa.europa.eu/tools-and-data/risk-free-interest-rate-term-structures_en

En términos de Microsoft Excel, la celda AB5 queda:

=SUMAPRODUCTO(Z5:$Z$152;AA5:$AA$152)

	R	S	T	U	V	W	X	Y	Z	AA	AB	AC
	Pólizas en vigor Final de periodo	Pólizas en vigor Inicio de periodo	Prima Pura	gi + ge	Death benefit	Gastos fijos	ge	Curva forward central	Factor descuento	Flujo	BEL	
1	1	1							100%			
56	0,900	1	52,00 €	28,00 €	18,69 €	9,00 €	20,00 €	-0,56%	100,56%	-32,82 €	-898,08 €	
42	0,809	0,899626104	54,16 €	29,16 €	19,21 €	8,09 €	20,83 €	-0,45%	100,92%	-35,19 €	-865,59 €	
06	0,728	0,809279134	56,20 €	30,26 €	19,71 €	7,28 €	21,62 €	-0,32%	100,98%	-37,86 €	-830,07 €	
35	0,655	0,727956878	57,94 €	31,20 €	20,12 €	6,53 €	22,29 €	-0,17%	100,68%	-40,19 €	-791,84 €	
23	0,589	0,654758495	57,46 €	30,94 €	19,78 €	5,89 €	22,10 €	0,02%	99,68%	-40,63 €	-751,38 €	
39	0,530	0,588886715	56,76 €	30,56 €	19,38 €	5,30 €	21,83 €	0,12%	99,25%	-40,82 €	-710,80 €	
43	0,476	0,529610206	55,83 €	30,06 €	18,88 €	4,76 €	21,47 €	0,27%	98,16%	-40,77 €	-670,29 €	
26	0,428	0,47627119	54,69 €	29,45 €	18,30 €	4,28 €	21,04 €	0,49%	96,20%	-40,52 €	-630,27 €	
08	0,385	0,428277693	53,40 €	28,76 €	17,65 €	3,85 €	20,54 €	0,48%	95,76%	-40,12 €	-591,29 €	
07	0,346	0,385096587	52,01 €	28,01 €	16,98 €	3,46 €	20,00 €	0,66%	93,65%	-39,60 €	-552,87 €	
19	0,311	0,346247457	50,58 €	27,23 €	16,25 €	3,11 €	19,45 €	0,76%	92,02%	-38,99 €	-515,79 €	
23	0,280	0,311297293	49,13 €	26,45 €	15,57 €	2,80 €	18,90 €	0,83%	90,59%	-38,32 €	-479,91 €	
12	0,252	0,279855821	47,70 €	25,68 €	14,93 €	2,52 €	18,35 €	0,92%	88,78%	-37,59 €	-445,20 €	
38	0,226	0,251571336	46,29 €	24,93 €	14,34 €	2,26 €	17,81 €	0,92%	87,95%	-36,81 €	-411,83 €	
69	0,203	0,226127013	44,98 €	24,19 €	13,82 €	2,03 €	17,28 €	0,82%	88,43%	-35,99 €	-379,45 €	
75	0,183	0,20323756	43,61 €	23,48 €	13,36 €	1,83 €	16,77 €	0,67%	89,86%	-35,13 €	-347,63 €	
06	0,164	0,182646173	42,36 €	22,81 €	12,97 €	1,64 €	16,29 €	0,61%	90,14%	-34,27 €	-316,06 €	
56	0,147	0,164121823	41,17 €	22,17 €	12,62 €	1,47 €	15,84 €	0,70%	88,22%	-33,41 €	-285,17 €	
43	0,132	0,14745673	40,07 €	21,58 €	12,33 €	1,32 €	15,41 €	0,85%	85,13%	-32,59 €	-255,69 €	
73	0,119	0,132464066	39,06 €	21,03 €	12,07 €	1,19 €	15,02 €	1,14%	79,67%	-31,81 €	-227,95 €	
09	0,107	0,118975811	38,15 €	20,54 €	11,85 €	1,07 €	14,67 €	1,45%	73,91%	-31,10 €	-202,60 €	
69	0,096	0,106840759	37,34 €	20,11 €	11,67 €	0,96 €	14,36 €	1,77%	68,00%	-30,46 €	-179,62 €	
62	0,086	0,095922739	36,66 €	19,74 €	11,54 €	0,86 €	14,10 €	2,00%	63,39%	-29,90 €	-158,91 €	
41	0,077	0,086099036	36,12 €	19,45 €	11,47 €	0,77 €	13,89 €	2,23%	58,95%	-29,43 €	-139,95 €	
71	0,069	0,077259018	35,71 €	19,23 €	11,47 €	0,69 €	13,74 €	2,41%	55,11%	-29,04 €	-122,60 €	
83	0,062	0,069302962	35,45 €	19,09 €	11,54 €	0,62 €	13,63 €	2,55%	51,94%	-28,75 €	-106,60 €	
63	0,056	0,062141076	35,32 €	19,02 €	11,66 €	0,56 €	13,58 €	2,69%	48,63%	-28,53 €	-91,67 €	
95	0,050	0,055692695	35,28 €	19,00 €	11,84 €	0,50 €	13,57 €	2,83%	45,78%	-28,38 €	-77,74 €	
79	0,045	0,049885569	35,32 €	19,02 €	12,03 €	0,45 €	13,58 €	2,91%	43,52%	-28,28 €	-64,75 €	
72	0,040	0,044655076	35,40 €	19,06 €	12,24 €	0,40 €	13,62 €	3,01%	41,02%	-28,21 €	-52,44 €	
38	0,036	0,039943322	35,51 €	19,12 €	12,45 €	0,36 €	13,66 €	3,08%	38,99%	-28,17 €	-40,67 €	
14	0,032	0,035698196	35,65 €	19,20 €	12,69 €	0,32 €	13,71 €	3,15%	37,08%	-28,13 €	-29,89 €	
17	0,028	0,03187259	35,83 €	19,29 €	12,96 €	0,28 €	13,78 €	3,21%	35,29%	-28,10 €	-19,46 €	
92	0,025	0,02842383	36,04 €	19,40 €	13,27 €	0,25 €	13,86 €	3,22%	34,00%	-28,06 €	-9,54 €	
68	0,000	0,025313332	0,00 €	0,00 €	0,00 €	0,00 €	0,00 €	3,30%	32,06%	0,00 €	0,00 €	
22	0,000	0	0,00 €	0,00 €	0,00 €	0,00 €	0,00 €	3,34%	30,61%	0,00 €	0,00 €	
36	0,000	0	0,00 €	0,00 €	0,00 €	0,00 €	0,00 €	3,38%	29,26%	0,00 €	0,00 €	

Figura 86. Datos de la política de Solvencia II (parte 2) relativos a una asegurada de 46 años de edad. Fuente: Elaboración propia.

Por lo tanto, la BEL que la compañía de seguros tendría que dotar para esta póliza en el ejercicio asciende a -898,08 €. Nótese que en este caso la BEL es negativa por la tipología de producto donde los ingresos que quedan por percibir son superiores a las salidas de efectivo.

5.2.2. BEL. Seguro Temporal a prima nivelada

El procedimiento para el cálculo de la BEL del seguro Temporal a prima nivelada tiene el mismo procedimiento que el analizado anteriormente. Tan solo es necesario modificar ligeramente algunos conceptos. A continuación, se indican los conceptos que se modifican a través de un ejemplo.

Por ejemplo, un hombre de 60 años desea que sus beneficiarios, en caso de fallecimiento durante los próximos 10 años, perciban una cantidad de 150.000 €. Suponiendo un tipo de interés técnico del 1%, el cálculo de la prima nivelada (pura) se ha visto con detenimiento en el punto 2.2.3. Para el cálculo del BEL se deben modificar los siguientes conceptos:

- Pólizas en vigor (columna G, ver Figura 87). En este caso, se pagará la prima nivelada durante los siguientes 10 años, es decir, hasta que el asegurado cumpla los 70 años de edad. La formulación de la columna G, por ejemplo, para la G5 será:

=SI(F5>$C$5+$C$6;0;1)

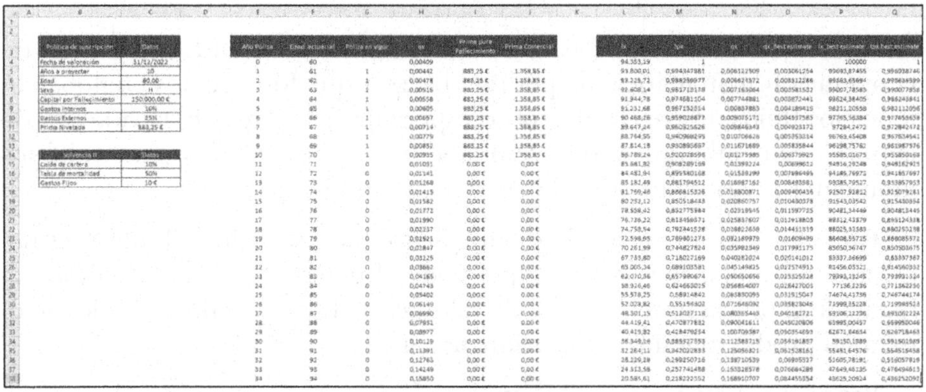

Política de suscripción	Datos
Fecha de valoración	31/12/2022
Años a proyectar	10
Edad	60,00
Sexo	H
Capital por Fallecimiento	150.000,00 €
Gastos Internos	10%
Gastos Externos	25%
Prima Nivelada	883,25 €

Solvencia II	Datos
Caída de cartera	10%
Tabla de mortalidad	50%
Gastos Fijos	10 €

Año Póliza	Edad actuarial	Póliza en vigor	qx	Prima pura Fallecimiento	Prima Comercial	lx	tpx	qx	qx_best estimate	lx_best estimate	tpx_best estimate
0	60		0,00409			94.353,19	1			100000	1
1	61	1	0,00442	883,25 €	1.358,85 €	93.800,01	0,994347981	0,006122509	0,003061254	99693,87455	0,996938746
2	62	1	0,00478	883,25 €	1.358,85 €	93.228,72	0,988250977	0,006623372	0,003312286	99363,65694	0,993636599
3	63	1	0,00516	883,25 €	1.358,85 €	92.608,14	0,981713178	0,007163064	0,003581532	99007,78585	0,990077856
4	64	1	0,00558	883,25 €	1.358,85 €	91.944,78	0,974681104	0,007744881	0,003872441	98624,38405	0,986243841
5	65	1	0,00605	883,25 €	1.358,85 €	91.231,68	0,967132514	0,00837883	0,004189415	98211,20558	0,982112056
6	66	1	0,00657	883,25 €	1.358,85 €	90.468,26	0,959028877	0,009075171	0,004537585	97765,56384	0,977655638
7	67	1	0,00714	883,25 €	1.358,85 €	89.647,24	0,950325626	0,009846343	0,004923172	97284,2472	0,972842472
8	68	1	0,00779	883,25 €	1.358,85 €	88.764,55	0,940968295	0,010706628	0,005353314	96763,45408	0,967634541
9	69	1	0,00852	883,25 €	1.358,85 €	87.814,18	0,930893687	0,011671689	0,005835844	96198,75762	0,961987576
10	70	1	0,00935	883,25 €	1.358,85 €	86.789,24	0,920028596	0,01275985	0,006379925	95585,01675	0,955850168
11	71	0	0,01031	0,00 €	0,00 €	85.681,82	0,908289169	0,01399224	0,00699612	94916,28248	0,949162915
12	72	0	0,01141	0,00 €	0,00 €	84.482,94	0,895580168	0,01538299	0,007686495	94185,76975	0,941857697
13	73	0	0,01268	0,00 €	0,00 €	83.182,49	0,881794512	0,016987162	0,008493581	93385,79527	0,933857953
14	74	0	0,01415	0,00 €	0,00 €	81.769,48	0,866815326	0,018800871	0,009400436	92507,91812	0,925079181
15	75	0	0,01582	0,00 €	0,00 €	80.232,12	0,850518443	0,020860757	0,010430378	91543,03542	0,915430354
16	76	0	0,01772	0,00 €	0,00 €	78.558,42	0,832775984	0,02319545	0,011597725	90481,34449	0,904813445
17	77	0	0,01990	0,00 €	0,00 €	76.736,22	0,813459871	0,025837607	0,012918803	89312,43379	0,893124338
18	78	0	0,02237	0,00 €	0,00 €	74.758,54	0,792441528	0,028822658	0,014411319	88025,33589	0,880253358
19	79	0	0,02521	0,00 €	0,00 €	72.598,95	0,769601278	0,032189979	0,01609489	86608,55715	0,866085572
20	80	0	0,02847	0,00 €	0,00 €	70.261,99	0,744827824	0,035982349	0,017991175	85050,36747	0,850503675
21	81	0	0,03225	0,00 €	0,00 €	67.733,80	0,718027169	0,040282024	0,020141012	83337,36699	0,83337367
22	82	0	0,03662	0,00 €	0,00 €	65.005,34	0,689103581	0,045149825	0,022574913	81456,03321	0,814560332
23	83	0	0,04165	0,00 €	0,00 €	62.070,36	0,657990674	0,050650656	0,025325328	79393,13245	0,793931324
24	84	0	0,04743	0,00 €	0,00 €	58.926,46	0,624663025	0,056854007	0,028427003	77136,2236	0,771362236
25	85	0	0,05402	0,00 €	0,00 €	55.578,25	0,58914842	0,063830095	0,031915047	74674,41736	0,746744174
26	86	0	0,06149	0,00 €	0,00 €	52.028,82	0,55156402	0,071646092	0,035823046	71998,35228	0,719983523
27	87	0	0,06990	0,00 €	0,00 €	48.301,15	0,512027118	0,080365443	0,040182721	69106,22236	0,691062224
28	88	0	0,07951	0,00 €	0,00 €	44.419,41	0,470877882	0,090041611	0,045020806	65995,00457	0,659950046
29	89	0	0,08977	0,00 €	0,00 €	40.419,82	0,428479254	0,100709387	0,050354693	62671,84634	0,626718463
30	90	0	0,10129	0,00 €	0,00 €	36.349,16	0,385327353	0,112368715	0,056181857	59150,1989	0,591501989
31	91	0	0,11391	0,00 €	0,00 €	32.264,11	0,342022833	0,125056321	0,062528161	55451,64576	0,554516458
32	92	0	0,12763	0,00 €	0,00 €	28.229,28	0,299250716	0,138710539	0,069355327	51605,78191	0,516057819
33	93	0	0,14249	0,00 €	0,00 €	24.313,58	0,257741488	0,153328578	0,076664289	47649,46135	0,476494613
34	94	0	0,15850	0,00 €	0,00 €	20.585,61	0,218222552	0,168910707	0,084455354	43625,20924	0,436252092

Figura 87. Cálculo del BEL (parte 1) para un seguro de prima nivelada. Fuente: Elaboración propia.

Respecto de la segunda parte de los cálculos (Figura 88), no se modifica nada más excepto que las probabilidades de supervivencia y fallecimiento se calculan con el género masculino, aunque esta parte se calcula automáticamente tras haberlo programado en el Paso 1 del punto anterior.

Pólizas en vigor Final de periodo	Pólizas en vigor inicio de periodo	Prima Pura	gi + ge	Death benefit	Gastos fijos	ge	Curva forward central	Factor descuento	Flujo	BEL
1	1							100%		
0,897	1	792,49 €	426,73 €	412,00 €	8,97 €	304,81 €	-0,56%	100,56%	-493,44 €	-2.195,41 €
0,805	0,897244871	710,88 €	382,78 €	399,88 €	8,05 €	273,42 €	-0,45%	100,92%	-412,32 €	-1.699,22 €
0,722	0,804845645	637,50 €	343,27 €	387,75 €	7,22 €	245,19 €	-0,32%	100,98%	-340,61 €	-1.283,12 €
0,647	0,721766759	571,53 €	307,75 €	375,86 €	6,47 €	219,82 €	-0,17%	100,68%	-277,12 €	-939,17 €
0,580	0,647074584	512,22 €	275,81 €	364,43 €	5,80 €	197,01 €	0,02%	99,88%	-220,79 €	-660,17 €
0,520	0,579927348	458,91 €	247,10 €	353,64 €	5,20 €	176,50 €	0,12%	99,25%	-170,68 €	-439,65 €
0,465	0,51956629	410,98 €	221,30 €	343,62 €	4,65 €	158,07 €	0,27%	98,16%	-125,94 €	-270,24 €
0,417	0,465307539	367,91 €	198,10 €	334,48 €	4,17 €	141,50 €	0,49%	96,20%	-85,87 €	-146,61 €
0,373	0,416534941	329,18 €	177,25 €	326,25 €	3,73 €	126,61 €	0,48%	95,75%	-49,85 €	-64,01 €
0,333	0,372693697	294,37 €	158,51 €	318,95 €	3,33 €	113,22 €	0,66%	93,65%	-17,58 €	-16,28 €
0,000	0,333284345	0,00 €	0,00 €	0,00 €	0,00 €	0,00 €	0,76%	92,02%	0,00 €	0,00 €
0,000	0	0,00 €	0,00 €	0,00 €	0,00 €	0,00 €	0,83%	90,59%	0,00 €	0,00 €
0,000	0	0,00 €	0,00 €	0,00 €	0,00 €	0,00 €	0,92%	88,78%	0,00 €	0,00 €
0,000	0	0,00 €	0,00 €	0,00 €	0,00 €	0,00 €	0,92%	87,95%	0,00 €	0,00 €
0,000	0	0,00 €	0,00 €	0,00 €	0,00 €	0,00 €	0,82%	88,43%	0,00 €	0,00 €
0,000	0	0,00 €	0,00 €	0,00 €	0,00 €	0,00 €	0,67%	89,86%	0,00 €	0,00 €
0,000	0	0,00 €	0,00 €	0,00 €	0,00 €	0,00 €	0,61%	90,14%	0,00 €	0,00 €
0,000	0	0,00 €	0,00 €	0,00 €	0,00 €	0,00 €	0,70%	88,22%	0,00 €	0,00 €
0,000	0	0,00 €	0,00 €	0,00 €	0,00 €	0,00 €	0,85%	85,13%	0,00 €	0,00 €
0,000	0	0,00 €	0,00 €	0,00 €	0,00 €	0,00 €	1,14%	79,67%	0,00 €	0,00 €
0,000	0	0,00 €	0,00 €	0,00 €	0,00 €	0,00 €	1,45%	73,91%	0,00 €	0,00 €
0,000	0	0,00 €	0,00 €	0,00 €	0,00 €	0,00 €	1,77%	68,00%	0,00 €	0,00 €
0,000	0	0,00 €	0,00 €	0,00 €	0,00 €	0,00 €	2,00%	63,39%	0,00 €	0,00 €
0,000	0	0,00 €	0,00 €	0,00 €	0,00 €	0,00 €	2,23%	58,95%	0,00 €	0,00 €
0,000	0	0,00 €	0,00 €	0,00 €	0,00 €	0,00 €	2,41%	55,11%	0,00 €	0,00 €
0,000	0	0,00 €	0,00 €	0,00 €	0,00 €	0,00 €	2,55%	51,94%	0,00 €	0,00 €
0,000	0	0,00 €	0,00 €	0,00 €	0,00 €	0,00 €	2,69%	48,83%	0,00 €	0,00 €
0,000	0	0,00 €	0,00 €	0,00 €	0,00 €	0,00 €	2,83%	45,78%	0,00 €	0,00 €
0,000	0	0,00 €	0,00 €	0,00 €	0,00 €	0,00 €	2,91%	43,52%	0,00 €	0,00 €
0,000	0	0,00 €	0,00 €	0,00 €	0,00 €	0,00 €	3,01%	41,02%	0,00 €	0,00 €
0,000	0	0,00 €	0,00 €	0,00 €	0,00 €	0,00 €	3,08%	38,99%	0,00 €	0,00 €
0,000	0	0,00 €	0,00 €	0,00 €	0,00 €	0,00 €	3,15%	37,08%	0,00 €	0,00 €
0,000	0	0,00 €	0,00 €	0,00 €	0,00 €	0,00 €	3,21%	35,29%	0,00 €	0,00 €
0,000	0	0,00 €	0,00 €	0,00 €	0,00 €	0,00 €	3,22%	34,00%	0,00 €	0,00 €
0,000	0	0,00 €	0,00 €	0,00 €	0,00 €	0,00 €	3,30%	32,06%	0,00 €	0,00 €

Figura 88. Cálculo del BEL (parte 2) para un seguro de prima nivelada. Fuente: Elaboración propia.

En este caso, la BEL sigue saliendo negativa (-2.195,41 €) porque los flujos de caja esperados de cobro serán mayores que los flujos de caja esperados de pago.

5.2.3. BEL. Seguro Temporal a prima única

Ambos procedimientos anteriores han calculado la BEL en el inicio de la operación matemática. Se podría observar que los cálculos englobaban todos los flujos de pago y de cobro esperados a lo largo de la vida útil de la póliza. Sin embargo, la BEL se puede (y se debe) calcular para todos los momentos temporales, no solo en el momento inicial.

Para ello, y en línea con lo desarrollado durante todo el Tema 3, es necesario introducir la variable *h* que mide el tiempo transcurrido desde el inicio de la póliza hasta la fecha de valoración. Realizaremos este ejercicio, para un producto temporal a prima única.

Por ejemplo (ver Figura 89), un hombre de 60 desea que sus beneficiarios, en caso de fallecimiento durante los próximos 10 años (n=10), es decir, que le cubra hasta los 70 años, perciban 150.000 €. Suponiendo un tipo de interés técnico del 1%, el cálculo de la prima única (pura) que debe abonar el asegurado es de 8.261,15 € (ver punto 2.2.2). Si se transcurre un año (h=1), a los 61 años de edad, desde el inicio del seguro (fecha de efecto), el desarrollo para el cálculo de la BEL se realiza con los siguientes pasos (no se analizan aquellos que son similares a los puntos vistos anteriormente):

- En la columna F (ver Figura 89), se ha de tener en cuenta que ha transcurrido un año desde el inicio de la póliza y la persona tiene una edad posterior. Para ello, empleamos la siguiente formulación en Microsoft Office para la celda F4:

  =C6+C12

  El resto de celdas para esta columna son idénticas.

- Nótese que la columna E ha cambiado de nombre y pasa a llamarse "Año de estudio".
- Las columnas I y J ya no son necesarias y su valor es 0, puesto que se trata de un producto de prima única, donde la prima se paga en el inicio de la operación y la compañía ya no va a percibir ningún ingreso o flujo de cobro por parte del asegurado.

Póliza de suscripción	Datos
Fecha de valoración	31/12/2022
Años a proyectar	10
Edad	60,00
Sexo	H
Capital por fallecimiento	150.000,00 €
Gastos internos	10%
Gastos externos	25%
Prima Única	7.761,37 €
h	1

Solvencia II	Datos
Caída de cartera	10%
Tabla de mortalidad	50%
Gastos Fijos	10 €

Año de estudio	Edad actuarial	Póliza en vigor	qx	Prima pura fallecimiento	Prima Comercial	lx	tpx	qx	qx_best estimate	lx_best estimate	tpx_best estimate
0	61		0,00442			98.800,01	1			100000	1
1	62	1	0,00478			98.225,72	0,993877491	0,006624572	0,003312286	99668,77141	0,996687714
2	63	1	0,00516			97.608,14	0,987293478	0,007163064	0,003581532	99311,80459	0,993118045
3	64	1	0,00558			91.944,78	0,980231432	0,007744881	0,003872441	98927,22547	0,989272255
4	65	1	0,00605			91.232,68	0,972629754	0,00837883	0,004189415	98512,77826	0,985127783
5	66	1	0,00657			90.468,26	0,964480234	0,009075171	0,004537585	98065,76812	0,980657681
6	67	1	0,00714			89.647,14	0,955727411	0,009846343	0,004923172	97582,97352	0,975829735
7	68	1	0,00779			88.764,55	0,946316992	0,010706628	0,005353314	97060,58122	0,970605812
8	69	1	0,00852			87.814,18	0,936185117	0,011671689	0,005835844	96494,15077	0,964941508
9	70	1	0,00935			86.789,24	0,925258266	0,01275985	0,006379925	95878,52532	0,958785253
10	71	0	0,01031			85.681,82	0,913452109	0,01399224	0,00699612	95207,74762	0,952077476
11	72	0	0,01141			84.482,94	0,900670868	0,01539299	0,007696495	94474,98169	0,944749817
12	73	0	0,01268			83.182,49	0,88680685	0,016987162	0,008493581	93672,55079	0,936725508
13	74	0	0,01415			81.769,46	0,871742519	0,018800871	0,009400436	92791,98801	0,92791988
14	75	0	0,01582			80.232,11	0,855353	0,020860757	0,010430378	91824,13246	0,918241325
15	76	0	0,01772			78.558,42	0,837509688	0,02319545	0,011597725	90759,18144	0,907591814
16	77	0	0,01990			76.756,22	0,818083275	0,025837607	0,012918803	89586,68142	0,895866814
17	78	0	0,02237			74.753,54	0,796945961	0,028822638	0,014411319	88295,61919	0,882956192
18	79	0	0,02521			72.598,95	0,773975877	0,032189979	0,01609489	86874,50211	0,868745021
19	80	0	0,02847			70.261,89	0,749081609	0,035982249	0,017991175	85311,52777	0,853115278
20	81	0	0,03220			67.733,80	0,722108813	0,040282024	0,020141012	83593,26725	0,835932672
21	82	0	0,03662			65.005,54	0,693020616	0,045149825	0,022574913	81706,15654	0,817061565
22	83	0	0,04165			62.070,86	0,661730858	0,050650656	0,025325328	79636,92138	0,796369213
23	84	0	0,04745			58.926,46	0,628213754	0,056854007	0,028427003	77378,0823	0,773730823
24	85	0	0,05402			55.576,25	0,592497285	0,063830095	0,031915047	74903,7167	0,749037167
25	86	0	0,06149			52.028,82	0,554678127	0,071646092	0,035823046	72220,43742	0,722204374
26	87	0	0,06980			48.301,15	0,514937607	0,080365443	0,040182721	69318,4237	0,693184237
27	88	0	0,07931			44.419,41	0,473554418	0,090041611	0,045020806	66197,65243	0,661976524
28	89	0	0,08977			40.419,82	0,430914816	0,100709387	0,050354693	62864,28993	0,628642899
29	90	0	0,10129			36.349,16	0,387517649	0,112383715	0,056191857	59331,82872	0,593318287
30	91	0	0,11391			32.264,11	0,343968976	0,125056321	0,062528161	55621,91861	0,556219186
31	92	0	0,12765			28.219,28	0,300951731	0,138710539	0,06935527	51764,24544	0,517642454

Figura 89. Cálculo del BEL (parte 1) para un seguro de prima única. Fuente: Elaboración propia.

En la segunda parte de los cálculos (ver Figura 90), el único cambio se aprecia en el flujo de cobro de prima única (columna T, ver Figura 90), que es 0 ya que se ha percibido en el inicio de la operación. Por ese motivo, la columna U (gi+ge, ver Figura 90) y la columna X (ge, ver Figura 90) son 0, ya que parten de la prima para su cálculo.

En este caso, los flujos de BEL solo lo componen el Death Benefit y los gastos fijos.

Pólizas en vigor Final de periodo	Pólizas en vigor inicio de periodo	Prima Pura	gi+ge	Death benefit	Gastos fijos	ge	Curva forward central	Factor descuento	Flujo	BEL
1	1							100%		
0,897	1	0,00 €	0,00 €	445,68 €	8,97 €	0,00 €	-0,56%	100,56%	454,65 €	3.600,06 €
0,804	0,897018943	0,00 €	0,00 €	432,16 €	8,04 €	0,00 €	-0,45%	100,92%	440,21 €	3.142,88 €
0,721	0,804425617	0,00 €	0,00 €	418,91 €	7,21 €	0,00 €	-0,32%	100,98%	426,12 €	2.698,64 €
0,646	0,721179474	0,00 €	0,00 €	406,17 €	6,46 €	0,00 €	-0,17%	100,68%	412,63 €	2.268,34 €
0,579	0,646342338	0,00 €	0,00 €	394,14 €	5,79 €	0,00 €	0,02%	99,88%	399,93 €	1.852,91 €
0,519	0,579068554	0,00 €	0,00 €	382,97 €	5,19 €	0,00 €	0,12%	99,25%	388,16 €	1.453,47 €
0,464	0,51859593	0,00 €	0,00 €	372,78 €	4,64 €	0,00 €	0,27%	98,16%	377,42 €	1.068,21 €
0,415	0,464237751	0,00 €	0,00 €	363,61 €	4,15 €	0,00 €	0,49%	96,20%	367,76 €	697,71 €
0,371	0,415375679	0,00 €	0,00 €	355,48 €	3,71 €	0,00 €	0,48%	95,75%	359,19 €	343,94 €
0,000	0,371453052	0,00 €	0,00 €	0,00 €	0,00 €	0,00 €	0,66%	93,65%	0,00 €	0,00 €
0,000	0	0,00 €	0,00 €	0,00 €	0,00 €	0,00 €	0,76%	92,02%	0,00 €	0,00 €
0,000	0	0,00 €	0,00 €	0,00 €	0,00 €	0,00 €	0,83%	90,59%	0,00 €	0,00 €
0,000	0	0,00 €	0,00 €	0,00 €	0,00 €	0,00 €	0,92%	88,78%	0,00 €	0,00 €
0,000	0	0,00 €	0,00 €	0,00 €	0,00 €	0,00 €	0,92%	87,95%	0,00 €	0,00 €
0,000	0	0,00 €	0,00 €	0,00 €	0,00 €	0,00 €	0,82%	88,43%	0,00 €	0,00 €
0,000	0	0,00 €	0,00 €	0,00 €	0,00 €	0,00 €	0,67%	89,86%	0,00 €	0,00 €
0,000	0	0,00 €	0,00 €	0,00 €	0,00 €	0,00 €	0,61%	90,14%	0,00 €	0,00 €
0,000	0	0,00 €	0,00 €	0,00 €	0,00 €	0,00 €	0,70%	88,22%	0,00 €	0,00 €
0,000	0	0,00 €	0,00 €	0,00 €	0,00 €	0,00 €	0,85%	85,13%	0,00 €	0,00 €
0,000	0	0,00 €	0,00 €	0,00 €	0,00 €	0,00 €	1,14%	79,67%	0,00 €	0,00 €
0,000	0	0,00 €	0,00 €	0,00 €	0,00 €	0,00 €	1,45%	73,91%	0,00 €	0,00 €
0,000	0	0,00 €	0,00 €	0,00 €	0,00 €	0,00 €	1,77%	68,00%	0,00 €	0,00 €
0,000	0	0,00 €	0,00 €	0,00 €	0,00 €	0,00 €	2,00%	63,39%	0,00 €	0,00 €
0,000	0	0,00 €	0,00 €	0,00 €	0,00 €	0,00 €	2,23%	58,95%	0,00 €	0,00 €
0,000	0	0,00 €	0,00 €	0,00 €	0,00 €	0,00 €	2,41%	55,11%	0,00 €	0,00 €
0,000	0	0,00 €	0,00 €	0,00 €	0,00 €	0,00 €	2,55%	51,94%	0,00 €	0,00 €
0,000	0	0,00 €	0,00 €	0,00 €	0,00 €	0,00 €	2,69%	48,83%	0,00 €	0,00 €
0,000	0	0,00 €	0,00 €	0,00 €	0,00 €	0,00 €	2,83%	45,78%	0,00 €	0,00 €
0,000	0	0,00 €	0,00 €	0,00 €	0,00 €	0,00 €	2,91%	43,52%	0,00 €	0,00 €
0,000	0	0,00 €	0,00 €	0,00 €	0,00 €	0,00 €	3,01%	41,02%	0,00 €	0,00 €
0,000	0	0,00 €	0,00 €	0,00 €	0,00 €	0,00 €	3,08%	38,99%	0,00 €	0,00 €
0,000	0	0,00 €	0,00 €	0,00 €	0,00 €	0,00 €	3,15%	37,08%	0,00 €	0,00 €
0,000	0	0,00 €	0,00 €	0,00 €	0,00 €	0,00 €	3,21%	35,29%	0,00 €	0,00 €
0,000	0	0,00 €	0,00 €	0,00 €	0,00 €	0,00 €	3,22%	34,00%	0,00 €	0,00 €
0,000	0	0,00 €	0,00 €	0,00 €	0,00 €	0,00 €	3,30%	32,06%	0,00 €	0,00 €

Figura 90. Cálculo del BEL (parte 2) para un seguro de prima única. Fuente: Elaboración propia.

Como puede observarse en la Figura 90, en este caso la BEL es positiva, lo que se traduce en una obligación para la compañía y en una dotación en el balance actuarial en la parte del pasivo.

5.3. BEST ESTIMATE LIABILITIES. VIDA-AHORRO

Hasta el momento, el cálculo de la BEL se ha realizado para los productos de vida-riesgo (siendo el fallecimiento la principal garantía a asegurar). En este tipo de productos, el signo de la BEL depende del cobro de la prima. Así, en los seguros temporal anual renovable (punto 2.2.1) y los seguros a prima nivelada (punto 2.2.2) la BEL resultaba negativa puesto que las primas futuras por cobrar eran mayores que las obligaciones de la compañía de seguros. En los productos de prima única, si el producto se valora en un momento posterior a la fecha de inicio, h > o, la BEL resultaba positiva puesto que no hay primas futuras, es decir, los asegurados ya han pagado toda la prima y lo único que quedan por proyectar son los flujos de caja de pago por parte de la compañía de seguros.

El cálculo de la BEL en los productos de vida-ahorro es similar a los descritos en los productos de vida-riesgo, aunque se incluyen algunos conceptos novedosos que remarcaremos en los siguientes puntos:

- Hipótesis actuariales:
  - ◊ La Tasa de caída de cartera suele ser diferente para cada periodo de análisis. En los productos de ahorro, esta tasa de caídas suele ser decreciente, es decir, los asegurados suelen rescatar[31] las pólizas en mayor proporción al inicio de la relación contractual. A continuación, mostramos un ejemplo de una tasa de caída de cartera de una compañía de seguros a través de un gráfico de dispersión en Microsoft Excel.

[31] Cancelar unilateralmente el contrato y solicitar la devolución de la provisión matemática en un momento posterior al inicio de la relación contractual.

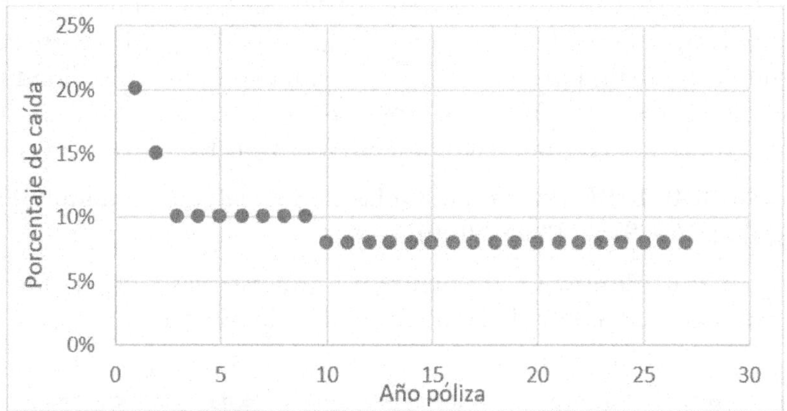

Figura 91. Ejemplo, caída de cartera para un producto de vida-ahorro. Fuente: Elaboración propia.

◊ Tabla de mortalidad: Tablas generacionales y suele ser un porcentaje distinto que los productos de vida-riesgo.

- Para el cálculo del BEL se requiere disponer de la prima a cobrar por el asegurado (Tema 2) y de la provisión matemática (Tema 3) a dotar por la compañía de seguros.

5.3.1. BEL. Renta Vitalicia

Se trata de un producto clásico en cualquier mercado con alta profundidad aseguradora. Consiste en un producto de ahorro de rentas puras, a través del cual el asegurado tiene derecho, previo pago de una prima única, a percibir, hasta que se produzca el fallecimiento, una renta vitalicia pagadera en función de la periodicidad estipulada en la póliza (mensual, trimestral, semestral o anual) siempre y cuando viva. Para simplificar el estudio, se ha realizado con periodicidad anual.

Por ejemplo, para una aportación de Prima Única, P, de 150.000 € de un hombre de 60 años nacido en 1962. Se pretende calcular el BEL. Como se puede ver en la Figura 92, el cálculo de la renta vitalicia se puede estudiar en el punto 2.3.1. (Celda C10) y el cálculo de la provisión matemática en el punto 3.3.1 (celdas E3:F60). Para el cálculo de la BEL se realizan los siguientes puntos[32]:

---

[32] Con el objetivo de no sobrecargar el material, solo se comentarán aquellos puntos distintos a los vistos en los seguros de vida-riesgo.

- Punto 1: lx (Columna L, ver Figura 92). Se trata del número de personas vivas a una determinada edad *x*. Este valor se calcula de la tabla de mortalidad, pero en este caso de una tabla de mortalidad Generacional y que se diferencia por sexos para cada edad. Para ello, se ha utilizado el siguiente código en Microsoft Excel para la celda L4:

  =SI.ERROR(BUSCARV(I4;'Tablas de mortalidad Genera.'!$J$5:$O$125;SI($C$7="H";6;4);0);0)

- Paso 2: (Columna O, ver Figura 92). En este caso, la hipótesis best-estimate es del 80% de la mortalidad de la normativa.

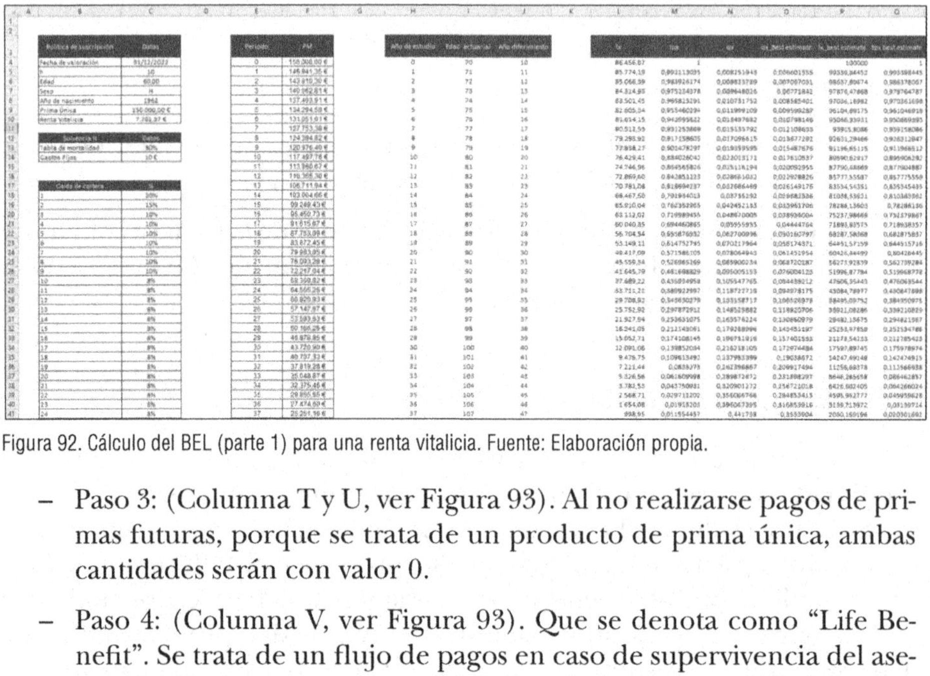

Figura 92. Cálculo del BEL (parte 1) para una renta vitalicia. Fuente: Elaboración propia.

- Paso 3: (Columna T y U, ver Figura 93). Al no realizarse pagos de primas futuras, porque se trata de un producto de prima única, ambas cantidades serán con valor 0.

- Paso 4: (Columna V, ver Figura 93). Que se denota como “Life Benefit”. Se trata de un flujo de pagos en caso de supervivencia del asegurado. En concreto, se trata del pago de la renta vitalicia mientras permanezca con vida el asegurado y no decida cancelar unilateralmente el contrato (caída de cartera). En términos cuantitativos se calcula como sigue:

$$FLB = R \,.\, \gamma_t .$$

Para su valoración, utilizamos la siguiente formulación en Microsoft Excel para la celda V5:

=SI.ERROR(R5*$C$10;0)

- Paso 5: (Columna W, ver Figura 93). El concepto de Death Benefit tiene valor 0 dado que, en caso de fallecimiento, los herederos legales no perciben ninguna prestación (compensación) económica.
- Paso 6 (columna X, ver Figura 93). El concepto de "Lapse" nos permite destinar un flujo de pago en caso de que el asegurado decida unilateralmente rescindir el contrato. En ese caso, se suele devolver al asegurado el valor en ese momento de la provisión matemática. En términos cuantitativos se calcula como sigue:

$$FLap = PM \cdot \delta \cdot \gamma_t$$

Para ello su valoración, utilizamos la siguiente formulación en Microsoft Excel para la celda X5:

=SI.ERROR(R5*BUSCARV(J5;$B$18:$C$99;2;0)*BUSCARV(J5;$E$4:$F$64;2;0));0)

La formulación ha de tener en cuenta el valor de la provisión matemática en cada momento y la hipótesis best-estimate también en dicho momento.

R	S	T	U	V	W	X	Y	Z	AA	AB	AC	AD
Pólizas en vigor Final de periodo	Pólizas en vigor inicio de periodo	Prima Pura	gi + ge	Life Benefit	Death benefit	Lapse	Gastos fijos	ge	Curva forward central	Factor descuento	Flujo	BEL
1										100%		
0,914	1	0,00 €	0,00 €	7.093,32 €	0,00 €	8.332,13 €	9,14 €	0,00 €	-0,56%	100,56%	15.434,60 €	125.918,28 €
0,835	0,914	0,00 €	0,00 €	6.479,74 €	0,00 €	7.371,26 €	8,35 €	0,00 €	-0,45%	100,92%	13.859,34 €	110.397,54 €
0,762	0,835	0,00 €	0,00 €	5.915,35 €	0,00 €	6.506,46 €	7,62 €	0,00 €	-0,32%	100,98%	12.429,43 €	96.411,22 €
0,695	0,762	0,00 €	0,00 €	5.395,40 €	0,00 €	5.728,38 €	6,95 €	0,00 €	-0,17%	100,68%	11.130,73 €	83.859,85 €
0,633	0,695	0,00 €	0,00 €	4.916,12 €	0,00 €	5.029,23 €	6,33 €	0,00 €	0,02%	99,88%	9.951,68 €	72.855,69 €
0,576	0,633	0,00 €	0,00 €	4.473,99 €	0,00 €	4.401,75 €	5,76 €	0,00 €	0,12%	99,25%	8.881,51 €	62.714,26 €
0,524	0,576	0,00 €	0,00 €	4.066,23 €	0,00 €	3.839,84 €	5,24 €	0,00 €	0,27%	98,16%	7.911,31 €	53.898,94 €
0,475	0,524	0,00 €	0,00 €	3.689,77 €	0,00 €	3.337,43 €	4,75 €	0,00 €	0,49%	96,20%	7.031,95 €	46.132,86 €
0,431	0,475	0,00 €	0,00 €	3.342,01 €	0,00 €	2.889,21 €	4,31 €	0,00 €	0,48%	95,75%	6.235,52 €	39.368,31 €
0,389	0,431	0,00 €	0,00 €	3.020,50 €	0,00 €	2.490,17 €	3,89 €	0,00 €	0,66%	93,65%	5.514,56 €	33.397,62 €
0,351	0,389	0,00 €	0,00 €	2.723,03 €	0,00 €	2.135,75 €	3,51 €	0,00 €	0,76%	92,02%	4.862,28 €	28.233,14 €
0,315	0,351	0,00 €	0,00 €	2.447,74 €	0,00 €	1.822,04 €	3,15 €	0,00 €	0,83%	90,59%	4.272,94 €	23.759,04 €
0,283	0,315	0,00 €	0,00 €	2.193,04 €	0,00 €	1.545,48 €	2,83 €	0,00 €	0,92%	88,78%	3.741,94 €	19.888,34 €
0,252	0,283	0,00 €	0,00 €	1.957,30 €	0,00 €	1.302,59 €	2,52 €	0,00 €	0,92%	87,95%	3.262,42 €	16.566,73 €
0,224	0,252	0,00 €	0,00 €	1.739,57 €	0,00 €	1.090,55 €	2,24 €	0,00 €	0,82%	88,43%	2.832,36 €	13.697,34 €
0,198	0,224	0,00 €	0,00 €	1.538,09 €	0,00 €	906,01 €	1,98 €	0,00 €	0,67%	89,86%	2.446,07 €	11.192,80 €
0,174	0,198	0,00 €	0,00 €	1.352,14 €	0,00 €	746,94 €	1,74 €	0,00 €	0,61%	90,14%	2.100,83 €	8.994,80 €
0,152	0,174	0,00 €	0,00 €	1.181,57 €	0,00 €	610,98 €	1,52 €	0,00 €	0,70%	88,22%	1.794,07 €	7.101,06 €
0,132	0,152	0,00 €	0,00 €	1.025,98 €	0,00 €	495,76 €	1,32 €	0,00 €	0,85%	85,13%	1.523,06 €	5.518,28 €
0,114	0,132	0,00 €	0,00 €	884,96 €	0,00 €	398,81 €	1,14 €	0,00 €	1,14%	79,67%	1.284,90 €	4.221,75 €
0,098	0,114	0,00 €	0,00 €	758,21 €	0,00 €	318,14 €	0,98 €	0,00 €	1,45%	73,91%	1.077,32 €	3.197,99 €
0,083	0,098	0,00 €	0,00 €	644,54 €	0,00 €	251,25 €	0,83 €	0,00 €	1,77%	68,00%	896,62 €	2.401,71 €
0,070	0,083	0,00 €	0,00 €	542,90 €	0,00 €	196,13 €	0,70 €	0,00 €	2,00%	63,39%	739,74 €	1.792,04 €
0,058	0,070	0,00 €	0,00 €	452,03 €	0,00 €	150,85 €	0,58 €	0,00 €	2,23%	58,95%	603,46 €	1.323,15 €
0,048	0,058	0,00 €	0,00 €	371,57 €	0,00 €	114,34 €	0,48 €	0,00 €	2,41%	55,11%	486,39 €	967,40 €
0,039	0,048	0,00 €	0,00 €	301,23 €	0,00 €	85,31 €	0,39 €	0,00 €	2,55%	51,94%	386,92 €	699,37 €
0,031	0,039	0,00 €	0,00 €	240,86 €	0,00 €	62,69 €	0,31 €	0,00 €	2,69%	48,83%	303,86 €	498,40 €
0,024	0,031	0,00 €	0,00 €	189,81 €	0,00 €	45,36 €	0,24 €	0,00 €	2,88%	45,78%	235,42 €	350,03 €
0,019	0,024	0,00 €	0,00 €	147,14 €	0,00 €	32,24 €	0,19 €	0,00 €	2,91%	43,52%	179,56 €	242,26 €
0,014	0,019	0,00 €	0,00 €	111,95 €	0,00 €	22,39 €	0,14 €	0,00 €	3,01%	41,02%	134,48 €	164,11 €
0,011	0,014	0,00 €	0,00 €	83,39 €	0,00 €	15,15 €	0,11 €	0,00 €	3,08%	38,99%	98,64 €	108,95 €
0,008	0,011	0,00 €	0,00 €	60,61 €	0,00 €	9,95 €	0,08 €	0,00 €	3,15%	37,08%	70,64 €	70,49 €
0,006	0,008	0,00 €	0,00 €	42,83 €	0,00 €	6,31 €	0,06 €	0,00 €	3,21%	35,29%	49,20 €	44,30 €
0,004	0,006	0,00 €	0,00 €	29,29 €	0,00 €	3,85 €	0,04 €	0,00 €	3,22%	34,00%	33,17 €	26,94 €
0,002	0,004	0,00 €	0,00 €	19,27 €	0,00 €	2,24 €	0,02 €	0,00 €	3,30%	32,06%	21,53 €	15,66 €
0,002	0,002	0,00 €	0,00 €	12,11 €	0,00 €	1,23 €	0,02 €	0,00 €	3,34%	30,61%	13,36 €	8,75 €

Figura 93. Cálculo del BEL (parte 2) para una renta vitalicia. Fuente: Elaboración propia.

- Paso 7 (Columna AC, ver Figura 93). Calcula el Flujo Probable Total. Este tiene en cuenta las partidas que son un ingreso para la compañía aseguradora en signo negativo (ninguna para esta tipología de producto). En signo positivo tenemos en cuenta todos aquellos flujos de caja que van a suponer una salida de efectivo para la compañía aseguradora (life benefit, gastos fijos y lapse). En términos matemáticos la expresión queda como sigue:

$$FP = (FLB + FG + F\,Lap)$$

En términos de Microsoft Excel, la celda AA5 queda:

=Y5+V5+X5

5.3.2. BEL. Renta Vitalicia con contraseguro

El producto de **Rentas vitalicia con Contraseguro** es uno de los productos que han cogido especial fuerza en los últimos años. A cambio de una prima única, *P*, el cliente percibirá una renta vitalicia, mientras viva, y sus beneficiarios percibirán el 100% de prima única cuando fallezca el asegurado. Es decir, este tipo de seguros mezcla, a su vez, dos productos claramente diferenciados:

- Producto de seguros (de riesgo): Producto de Vida entera. En caso de fallecimiento, los herederos legales percibirán el 100% prima única inicialmente abonada por el asegurado.
- Producto de rentas (de ahorro): Producto rentas vitalicias. Mientras viva el asegurado (supervivencia), percibirá periódicamente una renta vitalicia hasta el momento del fallecimiento.

Por ejemplo, un asegurado (hombre) de 60 años nacido en 1962 contrata una renta con contraseguro del 100%, de 150.000 €. Como se puede ver en la Figura 94, el cálculo de la renta vitalicia se puede estudiar en el punto 2.3.3 (Celda C10) y el cálculo de la provisión matemática en el punto 3.3.3 (celdas E3:F60).

Para el cálculo de la BEL se realizan los siguientes puntos[33]:

---

[33] En línea con puntos anteriores, con el objetivo de no sobrecargar el material, solo se comentarán aquellos puntos distintos a los vistos en los seguros de vida-riesgo.

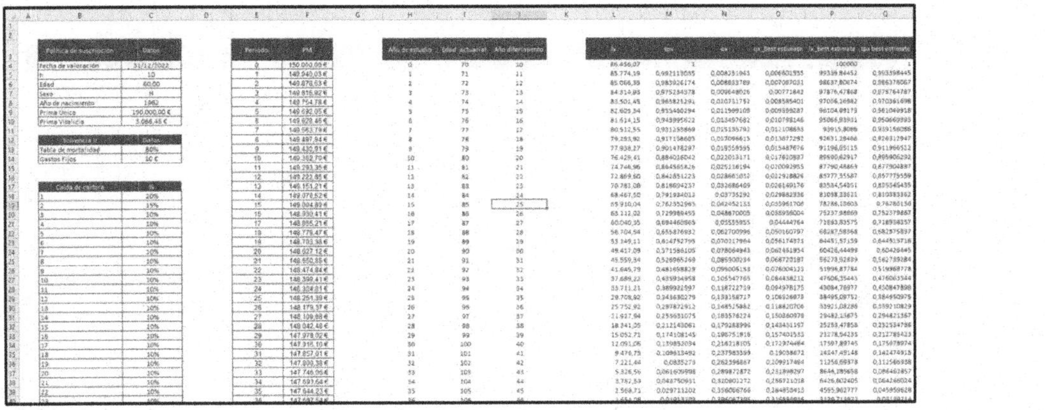

Figura 94. Cálculo del BEL (parte 1) para una renta vitalicia con contraseguro. Fuente: Elaboración propia.

- Paso 1. (Columna W, ver Figura 95). En este caso el concepto de Deaths Benefit se calcula como la prima única (porque se devuelve el 100% de la aportación del asegurado) por la probabilidad de fallecimiento best-estimate de edad *x* por la probabilidad de llegar a cada momento temporal. Matemáticamente, la ecuación queda:

$$FDB = C \cdot q_x^{best} \cdot \gamma_t$$

En términos de Microsoft Excel, la celda W5 queda:

=SI.ERROR(R5*O5*$C$9;0)

- Paso 2 (Columna AC, ver Figura 95). Calcula el Flujo Probable Total. Este tiene en cuenta las partidas que son un ingreso para la compañía aseguradora en signo negativo (ninguna para esta tipología de producto). En signo positivo tenemos en cuenta todos aquellos flujos de caja que van a suponer una salida de efectivo para la compañía aseguradora (death, life benefit, gastos fijos y lapse). En términos matemáticos la expresión queda como sigue:

$$FP = (FDB + FLB + FG + F\,Lap)$$

En términos de Microsoft Excel, la celda AA5 queda:

=+W5+Y5+V5+X5

R	S	T	U	V	W	X	Y	Z	AA	AB	AC	AD
Pólizas en vigor Final de periodo	Pólizas en vigor inicio de periodo	Prima Pura	gi + ge	Life Benefit	Death benefit	Lapse	Gastos fijos	ge	Curva forward central	Factor descuento	Flujo	BEL
1										100%		
0,894	1	0,00 €	0,00 €	2.741,59 €	885,33 €	13.347,70 €	8,94 €	0,00 €	-0,56%	100,56%	16.983,56 €	147.070,74 €
0,799	0,894	0,00 €	0,00 €	2.450,00 €	846,95 €	11.922,40 €	7,99 €	0,00 €	-0,45%	100,92%	15.227,34 €	129.992,40 €
0,714	0,799	0,00 €	0,00 €	2.187,98 €	826,09 €	10.642,23 €	7,14 €	0,00 €	-0,32%	100,98%	13.663,43 €	114.625,55 €
0,637	0,714	0,00 €	0,00 €	1.952,27 €	819,89 €	9.491,15 €	6,37 €	0,00 €	-0,17%	100,68%	12.269,68 €	100.828,07 €
0,567	0,637	0,00 €	0,00 €	1.740,18 €	817,12 €	8.455,86 €	5,67 €	0,00 €	0,02%	99,88%	11.018,84 €	88.475,24 €
0,505	0,567	0,00 €	0,00 €	1.549,25 €	818,32 €	7.524,35 €	5,05 €	0,00 €	0,12%	99,25%	9.896,96 €	77.469,97 €
0,449	0,505	0,00 €	0,00 €	1.377,44 €	815,87 €	6.686,52 €	4,49 €	0,00 €	0,27%	98,16%	8.884,33 €	67.646,76 €
0,399	0,449	0,00 €	0,00 €	1.222,74 €	818,07 €	5.932,54 €	3,99 €	0,00 €	0,49%	96,20%	7.977,34 €	58.925,53 €
0,353	0,399	0,00 €	0,00 €	1.083,42 €	820,80 €	5.253,91 €	3,53 €	0,00 €	0,48%	95,75%	7.161,67 €	51.251,55 €
0,312	0,353	0,00 €	0,00 €	957,91 €	825,19 €	4.642,86 €	3,12 €	0,00 €	0,66%	93,65%	6.429,08 €	44.394,05 €
0,275	0,312	0,00 €	0,00 €	844,80 €	830,38 €	4.092,51 €	2,75 €	0,00 €	0,76%	92,02%	5.770,39 €	38.373,10 €
0,242	0,275	0,00 €	0,00 €	742,88 €	833,21 €	3.596,97 €	2,42 €	0,00 €	0,88%	90,59%	5.175,49 €	33.063,39 €
0,212	0,242	0,00 €	0,00 €	651,11 €	832,85 €	3.151,02 €	2,12 €	0,00 €	0,92%	88,78%	4.637,11 €	28.375,10 €
0,185	0,212	0,00 €	0,00 €	568,49 €	830,98 €	2.749,79 €	1,85 €	0,00 €	0,92%	87,93%	4.151,11 €	24.258,22 €
0,161	0,185	0,00 €	0,00 €	494,26 €	821,11 €	2.389,58 €	1,61 €	0,00 €	0,82%	88,43%	3.706,57 €	20.607,22 €
0,139	0,161	0,00 €	0,00 €	427,52 €	814,25 €	2.065,88 €	1,39 €	0,00 €	0,67%	89,86%	3.309,05 €	17.329,63 €
0,120	0,139	0,00 €	0,00 €	367,66 €	799,38 €	1.775,82 €	1,20 €	0,00 €	0,61%	90,14%	2.944,06 €	14.356,17 €
0,102	0,120	0,00 €	0,00 €	314,30 €	771,19 €	1.517,38 €	1,02 €	0,00 €	0,70%	88,22%	2.603,89 €	11.702,33 €
0,087	0,102	0,00 €	0,00 €	266,98 €	735,62 €	1.288,36 €	0,87 €	0,00 €	0,85%	85,13%	2.289,83 €	9.405,10 €
0,073	0,087	0,00 €	0,00 €	225,28 €	688,20 €	1.086,66 €	0,73 €	0,00 €	1,14%	79,67%	2.000,87 €	7.455,81 €
0,062	0,073	0,00 €	0,00 €	188,82 €	634,71 €	910,41 €	0,62 €	0,00 €	1,45%	73,91%	1.734,56 €	5.861,64 €
0,051	0,062	0,00 €	0,00 €	157,02 €	583,77 €	756,81 €	0,51 €	0,00 €	1,77%	68,00%	1.498,11 €	4.579,57 €
0,042	0,051	0,00 €	0,00 €	129,38 €	534,41 €	623,39 €	0,42 €	0,00 €	2,00%	63,39%	1.287,60 €	3.560,92 €
0,034	0,042	0,00 €	0,00 €	105,39 €	489,62 €	507,58 €	0,34 €	0,00 €	2,23%	58,95%	1.102,93 €	2.744,75 €
0,028	0,034	0,00 €	0,00 €	84,74 €	441,59 €	408,02 €	0,28 €	0,00 €	2,41%	55,11%	934,65 €	2.094,57 €
0,022	0,028	0,00 €	0,00 €	67,21 €	390,62 €	323,48 €	0,22 €	0,00 €	2,55%	51,94%	781,53 €	1.579,52 €
0,017	0,022	0,00 €	0,00 €	52,57 €	336,52 €	252,96 €	0,17 €	0,00 €	2,69%	48,83%	642,22 €	1.173,59 €
0,013	0,017	0,00 €	0,00 €	40,53 €	284,35 €	194,96 €	0,13 €	0,00 €	2,83%	45,78%	519,96 €	860,00 €
0,010	0,013	0,00 €	0,00 €	30,73 €	236,63 €	147,81 €	0,10 €	0,00 €	2,91%	43,52%	415,27 €	621,98 €
0,007	0,010	0,00 €	0,00 €	22,88 €	193,56 €	109,99 €	0,07 €	0,00 €	3,01%	41,02%	326,50 €	441,24 €
0,005	0,007	0,00 €	0,00 €	16,67 €	155,23 €	80,12 €	0,05 €	0,00 €	3,08%	38,99%	252,08 €	307,31 €
0,004	0,005	0,00 €	0,00 €	11,85 €	121,71 €	56,95 €	0,04 €	0,00 €	3,15%	37,08%	190,56 €	209,03 €
0,003	0,004	0,00 €	0,00 €	8,19 €	92,94 €	38,37 €	0,03 €	0,00 €	3,21%	35,29%	140,53 €	138,37 €
0,002	0,003	0,00 €	0,00 €	5,48 €	68,83 €	26,33 €	0,02 €	0,00 €	3,22%	34,00%	100,66 €	88,78 €
0,001	0,002	0,00 €	0,00 €	3,53 €	49,16 €	16,94 €	0,01 €	0,00 €	3,30%	32,06%	69,64 €	54,56 €
0,001	0,001	0,00 €	0,00 €	2,17 €	33,62 €	10,42 €	0,01 €	0,00 €	3,34%	30,61%	46,21 €	32,23 €
0,000	0,001	0,00 €	0,00 €	1,26 €	21,82 €	6,06 €	0,00 €	0,00 €	3,38%	29,26%	29,15 €	18,09 €

Figura 95. Cálculo del BEL (parte 2) para una renta vitalicia con contraseguro. Fuente: Elaboración propia.

5.4. BEST ESTIMATE LIABILITIES. NO VIDA

Las provisiones técnicas que se realizan en los seguros de no vida (hogar, automóvil, responsabilidad civil…etc) son sobre siniestros pendientes de declaración, es decir, son siniestros que han ocurrido, pero no se han notificado a la compañía de seguros. El cálculo de dichos siniestros se realiza sobre un procedimiento denominado *Triangulación*. Este procedimiento permite, sobre los datos históricos, proyectar los siniestros pendientes de pago futuro a través de triángulos donde se tiene en cuenta el año de ocurrencia o de origen y el año de pago o de desarrollo.

En la literatura actuarial existen numerosos tipos de métodos para la triangulación. Los métodos deterministas o clásicos no utilizan ninguna hipótesis para la proyección de los siniestros. Los métodos estocásticos utilizan una determinada distribución de probabilidad junto con intervalos de confianza para conocer el valor medio de dichos siniestros. En este tema se estudiarán dos de los principales métodos deterministas, el método de Link-ratio y el método de Chain-Ladder.

La notación utilizada seguirá las pautas del libro de Albarrán y Alonso (2010). Así, La representación esquemática de los siniestros seguirá la siguiente estructura:

	0	**1**	**2**	**...**	**k-1**	**k**
0	$C_{0,0}$	$C_{0,1}$	$C_{0,2}$	...	$C_{0,k-1}$	$C_{0,k}$
1	$C_{1,0}$	$C_{1,1}$	$C_{1,2}$	...	$C_{1,K-1}$	
2	$C_{2,0}$	$C_{2,1}$	$C_{2,2}$			
...	...	...				
k-1	$C_{K-1,0}$	$C_{K-1,1}$				
k	$C_{K,0}$					

Figura 96. Notación del proceso de Triangulación. Fuente: Albarrán y Alonso, pag.36.

Las filas indican el año de ocurrencia del siniestro (o de origen), es decir, cuando se notifica dicho siniestro y las columnas el año de pago (o de desarrollo).

Los pagos por siniestros son acumulados, es decir, los pagos realizados en el año 2 ocurridos en el año 1, contienen pagos ocurridos en el año 1 y pagados ese año 0, $C_{1,0}$, los pagos ocurridos en el año 1 y pagados en el año 1 $(C_{1,1} - C_{1,0})$ y los pagos ocurridos en el año 1 y pagados en el año 2 $(C_{1,2} - C_{1,1} - C_{1,0})$.

Realizaremos los dos siguientes modelos con la siguiente estructura de pagos acumulados por siniestros (ver Figura 97):

Ocurrencia\ Desarrollo	0	1	2	3	4	5	6	7	8	9	$C_{0,\infty}$
0	434	1.428	2.234	2.904	3.538	4.317	4.694	4.887	5.311	5.652	5.975
1	434	1.538	2.793	4.263	4.952	5.513	6.444	6.879	7.647		
2	344	1.620	2.763	4.087	5.341	5.641	6.439	6.682			
3	376	1.714	2.799	4.771	5.170	5.994	6.258				
4	540	1.434	2.650	3.791	4.554	5.207					
5	484	1.680	2.728	3.928	4.901						
6	533	1.592	3.083	4.575							
7	439	1.796	3.539								
8	452	1.689									
9	420										

Figura 97. Ejemplo de una estructura de pagos acumulados por siniestros de una compañía aseguradora. Fuente: Elaboración Propia.

Para actualizar cada uno de los capitales, se puede emplear la siguiente curva de descuento (ver Tabla 7).

Plazo	Tipo
1	1,13%
2	1,17%
3	1,36%
4	2,23%
5	2,34%
6	3,01%
7	3,64%
8	3,82%
9	3,91%
10	4,02%

Tabla 7. Curva de descuento para actualizar los pagos y provisión. Fuente: Elaboración propia.

5.4.1. Método del Link Ratio

Este método proyecta las tasas de los siniestros según la evolución del ejercicio de desarrollo. Para no sobrecargar el temario teóricamente, desarrollaremos el modelo desde una perspectiva teórica y práctica utilizando los siguientes pasos:

- Paso 1: La tasa *link ratio*, $LR_{i,j}$, tiene base 1, es decir, es un factor multiplicativo y se calcula como el ejercicio de ocurrencia entre un ejercicio de desarrollo y el siguiente. Aplicando la siniestre expresión matemática:

$$LR_{i,j} = \frac{C_{i,j+1}}{C_{i,j}}$$

Desde el punto de vista práctico del ejercicio, el Link ratio de la celda C15 (ver Figura 98) se calcula como sigue:

=SI(C3="";"";D3/C3)

Se ha introducido la parte de comillas dado que en las celdas vacías no se puede dividir por un valor vació.

Ocurrencia\Desarrollo	0	1	2	3	4	5	6	7	8	9	$C_{0,\infty}$
0	434	1.428	2.234	2.904	3.538	4.317	4.694	4.887	5.311	5.652	5.975
1	434	1.538	2.793	4.263	4.952	5.513	6.444	6.879	7.647		
2	344	1.620	2.763	4.087	5.341	5.641	6.439	6.682			
3	376	1.714	2.799	4.771	5.170	5.994	6.258				
4	540	1.434	2.650	3.791	4.554	5.207					
5	484	1.680	2.728	3.928	4.901						
6	533	1.592	3.083	4.575							
7	439	1.796	3.539								
8	452	1.689									
9	420										

Ocurrencia\Desarrollo	0	1	2	3	4	5	6	7	8	9
0	3,29	1,56	1,30	1,22	1,22	1,09	1,04	1,09	1,06	1,06
1	3,54	1,82	1,53	1,16	1,11	1,17	1,07	1,11	0,00	
2	4,71	1,71	1,48	1,31	1,06	1,14	1,04	0,00		
3	4,56	1,63	1,70	1,08	1,16	1,04	0,00			
4	2,66	1,85	1,43	1,20	1,14	0,00				
5	3,47	1,62	1,44	1,25	0,00					
6	2,99	1,94	1,48	0,00						
7	4,09	1,97	0,00							
8	3,74									
9										

Figura 98. Cálculo de los coeficientes de link ratio. Fuente: Elaboración Propia.

- Paso 2: Una vez obtenidas las tasas de variación, se obtiene, para cada año de desarrollo, el valor máximo de dichos coeficientes (ver Figura 98). Al utilizar el valor máximo de dichos coeficientes, se trata de un escenario pesimista en el que se asume que los siniestros van a crecer en la proporción más alta que se observa en la serie de datos. Como ejercicio alternativo, más adelante, se propondrán otros modelos menos conservadores.

  Desde el punto de vista de Microsoft Excel, el cálculo de la celda C27 se realiza como sigue:

  =MAX(C15:C24)

  Y así sucesivamente para toda la fila.

- Paso 3: El factor de proyección (ver Figura 98) se calcula multiplicando los valores máximos obtenidos en el punto anterior, según la siguiente expresión matemática:

$$FP = \prod_{j=k}^{h} \max LR_{i,j}$$

Desde el punto de vista de Microsoft Excel, la celda C28 se calcula con la siguiente formulación:

=PRODUCTO(C27:M$27)

Es importante fijar la M27 para poder arrastrar hacia la derecha.

Ocurrencia\ Desarrollo	0	1	2	3	4	5	6	7	8	9
0	3,29	1,56	1,30	1,22	1,22	1,09	1,04	1,09	1,06	1,06
1	3,54	1,82	1,53	1,16	1,11	1,17	1,07	1,11	0,00	
2	4,71	1,71	1,48	1,31	1,06	1,14	1,04	0,00		
3	4,56	1,63	1,70	1,08	1,16	1,04	0,00			
4	2,66	1,85	1,43	1,20	1,14	0,00				
5	3,47	1,62	1,44	1,25	0,00					
6	2,99	1,94	1,48	0,00						
7	4,09	1,97	0,00							
8	3,74									
9										

Año Desarro	0	1	2	3	4	5	6	7	8	9
max. LR	4,71	1,97	1,70	1,31	1,22	1,17	1,07	1,11	1,06	1,06
FP	39,36	8,36	4,24	2,49	1,90	1,56	1,34	1,25	1,13	1,06

Figura 99. Cálculo de los coeficientes máximos (Paso 2) y del factor de proyección (Paso 3). Fuente: Elaboración Propia.

- Paso 4: Se calcula el valor de $C_{i,\infty}$. Para ello, se multiplica el último valor de cada año de ocurrencia, con el factor de proyección. Por ejemplo, el valor de $C_{9,\infty} = 16.531 = 39{,}36 \cdot 420$.

  Desde el punto de vista de Microsoft Excel, su obtención no es sencilla dado que el objetivo es emplear una formulación que nos valga para todos los años y no ir repitiendo, manualmente, año a año una operación. Por ejemplo, para el cálculo de $C_{2,\infty} =$ 8.357(celda M33, ver Figura 100) se emplea la siguiente formulación:

  =DESREF($B$30;B33+1;10-B33)*BUSCARH(9-B33;$C$26:$L$28;3;0)

  La función *desref* nos permite devolver los valores de la diagonal principal (5.652, 7.647, 6.682,..., 420). Se sitúa en la celda B30 y a través de filas (argumento 2) y columnas (argumento 3) dinámicas, nos permite obtener dichos valores. A dicha función, incorporamos la función buscarh, que nos devuelve de manera dinámica, de la matriz B26:L28, la tercera fila para cada año de ocurrencia.

Año Desarro	0	1	2	3	4	5	6	7	8	9
max. LR	4,71	1,97	1,70	1,31	1,22	1,17	1,07	1,11	1,06	1,06
FP	39,36	8,36	4,24	2,49	1,90	1,56	1,34	1,25	1,13	1,06

	0	1	2	3	4	5	6	7	8	9	$C_{0,\infty}$
0	434	1.428	2.234	2.904	3.538	4.317	4.694	4.887	5.311	5.652	**5.975 €**
1	434	1.538	2.793	4.263	4.952	5.513	6.444	6.879	7.647		8.603 €
2	344	1.620	2.763	4.087	5.341	5.641	6.439 =+DESREF($B$30;B33+1;10-B33)*BUSCARH(9-B33;$C$26:$L$28;3;0)				
3	376	1.714	2.799	4.771	5.170	5.994	6.258				BUSCARH(valor_buscado; matriz_buscar_en; indicador_filas; [ordenado])
4	540	1.434	2.650	3.791	4.554	5.207					8.126 €
5	484	1.680	2.728	3.928	4.901						9.332 €
6	533	1.592	3.083	4.575							11.384 €
7	439	1.796	3.539								15.010 €
8	452	1.689									14.116 €
9	420										16.531 €

Figura 100. Cálculo del valor $C_{i,\infty}$. Fuente: Elaboración Propia.

- Paso 6. El resto del triángulo, parte coloreada en verde (ver Figura 101), se proyecta a partir del dato anterior del año de desarrollo por el máximo del Link Ratio. Por ejemplo, la celda D40 se calcula como sigue:

=C40*C$27

De nuevo, es importante fijar, en este caos la fila, para poder utilizar esta formulación de manera automática durante el resto de las celdas.

Año Desarro	0	1	2	3	4	5	6	7	8	9
max. LR	4,71	1,97	1,70	1,31	1,22	1,17	1,07	1,11	1,06	1,06
FP	39,36	8,36	4,24	2,49	1,90	1,56	1,34	1,25	1,13	1,06

	0	1	2	3	4	5	6	7	8	9	$C_{0,\infty}$
0	434	1.428	2.234	2.904	3.538	4.317	4.694	4.887	5.311	5.652	**5.975 €**
1	434	1.538	2.793	4.263	4.952	5.513	6.444	6.879	7.647	8.138	8.603 €
2	344	1.620	2.763	4.087	5.341	5.641	6.439	6.682	7.428	7.905	8.357 €
3	376	1.714	2.799	4.771	5.170	5.994	6.258	6.680	7.426	7.903	8.355 €
4	540	1.434	2.650	3.791	4.554	5.207	6.086	6.497	7.223	7.686	8.126 €
5	484	1.680	2.728	3.928	4.901	5.980	6.990	7.462	8.295	8.828	9.332 €
6	533	1.592	3.083	4.575	5.979	7.295	8.527	9.103	10.119	10.769	11.384 €
7	439	1.796	3.539	6.032	7.883	9.619	11.243	12.002	13.342	14.199	15.010 €
8	452	1.689	3.328	5.673	7.414	9.046	10.574	11.287	12.547	13.353	14.116 €
9	420	1.978	3.897	6.643	8.682	10.593	12.382	13.218	14.694	15.637	16.531 €

Figura 101. Completar los pagos futuros del triángulo a través de los factores de Link Ratio. Fuente: Elaboración Propia.

- Paso 7. Cálculo de la provisión/dotación. Para el cálculo de la provisión/dotación se parte del capital final $C_{i,\infty}$ (columna D, ver Figura 102) y se descuenta la dotación actual (columna E, ver Figura 102). Esta dotación actual se obtiene a través de la diagonal principal del triángulo (420, 1.689…5.652). Su obtención en términos de Microsoft Excel se realiza utilizando la siguiente formulación:

Por ejemplo, la celda F45 se calcula como sigue:

=DESREF($B$30;C45+1;10-C45)

La columna F (ver Figura 102) es la resta de la columna D menos la columna E.

Finalmente, la provisión a valor actual se obtiene utilizando una función de descuento $v(t)=(1+i)^{-t}$. La curva de descuento que se puede observar en la matriz de datos K44:L54.

Año de desarrollo	$C_{0,\infty}$	Dotación Actual	Por Dotar	Valor Actual
0	5.975 €	5652	323 €	319 €
1	8.603 €	7647	956 €	934 €
2	8.357 €	6682	1.675 €	1.608 €
3	8.355 €	6258	2.097 €	1.920 €
4	8.126 €	5207	2.919 €	2.600 €
5	9.332 €	4901	4.431 €	3.708 €
6	11.384 €	4575	6.809 €	5.301 €
7	15.010 €	3539	11.471 €	8.500 €
8	14.116 €	1689	12.427 €	8.800 €
9	16.531 €	420	16.111 €	10.859 €
Total	105.788 €	46.570 €	59.218 €	44.551 €

Plazo	Tipo
1	1,13%
2	1,17%
3	1,36%
4	2,23%
5	2,34%
6	3,01%
7	3,64%
8	3,82%
9	3,91%
10	4,02%

Figura 102. Cálculo de la provisión/dotación modelo Link-Ratio. Fuente: Elaboración Propia.

5.4.2. Método Chain-Ladder

El método de Chain-Ladder es uno de los métodos más utilizados en triangulación en los seguros de no-vida. Su implementación tiene grandes ventajas, (i) su sencillez, (ii) al ser determinista, no asume una función de distribución implícita y (iii) ofrece mejores resultados que sus métodos homólogos dado que utiliza una media ponderada de los coeficientes.

En línea con el método de link-ratio, se realizará el estudio de este método desde el punto de vista teórico y desde el punto de vista práctica de manera conjunta a través de los siguientes pasos:

- Paso 1. Obtención del Link-ratio como una media ponderada por los capitales realizados:

$$LR_{i,j} = \frac{\sum_{t=j}^{I-j-1} C_t \cdot R_{t,j}}{\sum_{t=j}^{I-j} C_{t,j}}$$

Desde el punto de vista de Microsoft Office, se realiza la suma del año de Desarrollo posterior y el anterior (ver Figura 103).

Ocurrencia\Desarrollo	0	1	2	3	4	5	6	7	8	9	$C_{0,\infty}$
0	434	1.428	2.234	2.904	3.538	4.317	4.694	4.887	5.311	5.652	5.975
1	434	1.538	2.793	4.263	4.952	5.513	6.444	6.879	7.647		
2	344	1.620	2.763	4.087	5.341	5.641	6.439	6.682			
3	376	1.714	2.799	4.771	5.170	5.994	6.258				
4	540	1.434	2.650	3.791	4.554	5.207					
5	484	1.680	2.728	3.928	4.901						
6	533	1.592	3.083	4.575							
7	439	1.796	3.539								
8	452	1.689									
9	420										

Año Desarro	0	1	2	3	4	5	6	7	8	
=+SUMA(F3:F11)/SUMA(E3:E11)			1,49	1,20	1,13	1,11	1,05	1,10	1,06	
FP	17,46	4,86	2,76	1,85	1,55	1,37	1,23	1,17	1,06	

Figura 103. Cálculo del Link-ratio como una media ponderada por los capitales realizados. Fuente: Elaboración Propia.

Una vez realizado el paso 1, el resto de los pasos (2, 3, 4, 5, 6 y 7) son idénticos al desarrollado en el modelo de Link-ratio (punto 4.2 de este tema).

El resultado final es el siguiente:

Año de desarrollo	$C_{0,\infty}$	Dotación Actual	Por Dotar	Valor Actual
0	3.320 €	3121	199 €	197 €
1	4.456 €	4187	269 €	263 €
2	4.426 €	3776	650 €	624 €
3	4.259 €	3462	797 €	729 €
4	3.919 €	2869	1.050 €	935 €
5	4.151 €	2684	1.467 €	1.228 €
6	4.610 €	2487	2.123 €	1.653 €
7	5.539 €	2010	3.529 €	2.615 €
8	4.570 €	940	3.630 €	2.571 €
9	4.067 €	233	3.834 €	2.585 €
Total	43.316 €	25.769 €	17.547 €	13.399 €

Figura 104. Cálculo de la provisión/dotación modelo Chain-Ladder. Fuente: Elaboración Propia.

Como se observa en la Figura 104, la provisión a dotar es mucho más pequeña que en el modelo anterior (ver Figura 102) ya que en este caso se obtienen los link-ratio como una media ponderada por los pagos realizados y no como un criterio pesimista a través de la función *máx* en Microsoft Excel.

5.5. EJERCICIOS TEMA 5

Ejercicio 1. En el Excel "Tema 5. Ejercicios.xlsx", en la hoja "Ejercicio 1" dispones de 20 pólizas de un producto Temporal Anual Renovable y de una curva de interés Spot.

Sabiendo que los gastos internos son del 15%, los gastos externos del 40%, la caída de cartera es del 17%, el % de la tabla de mortalidad best-estimate es del 90% y los gastos fijos son de 50 €. Se pide:

a. Calcula la BEL de las 20 pólizas.

b. Si los gastos suben a 80 €, ¿Qué le sucede a la BEL? Razona la respuesta.

c. Si el % de la tabla de mortalidad best-estimate baja al 40%, ¿Qué le sucede a la BEL? Razona la respuesta.

d. Si los gastos externos suben hasta el 60%, ¿Qué le sucede a la BEL? Razona la respuesta.

Ejercicio 2. En el Excel "Tema 5. Ejercicios.xlsx", en la hoja "Ejercicio 2" dispones de los pagos acumulados de un seguro de no vida durante los últimos 10 años.

Se pide, proyectar el triángulo y calcular la dotación a realizar, aplicando la curva de descuento de dicha hoja, utilizando el siguiente método:

- Método link-Ratio calculando los coeficientes (Paso 2) del punto 5.4.1 (Tema 5), como la media aritmética de dicha columna.

Compara el resultado con el modelo Link-Ratio visto en el punto 4.1. y comenta los resultados obtenidos.

BIBLIOGRAFÍA

Albarrán, I. y Alonso, P. Métodos estocásticos de estimación de las provisiones técnicas en el marco de Solvencia II. Instituto de Ciencias del Seguro. Fundación Mapfre.

Navarro, E. (2019). Matemáticas de las Operaciones Financieras. Pirámide.

Redchuk. A. y Soria-Martin, D. (2000). Estimación Máximo Verosímil del Parámetro de Forma de la Distribución Gamma. *Revista de la Escuela de Perfeccionamiento en Investigación Operativa EPIO,* 18, 28-35.